笑う門には福来ます

Fortune comes in at the merry gate

ウエディングプランナー
岡本 笑明

中部経済新聞社

はじめに

人生には三度、自分のためにたくさんの人が集う日があります。一度目は生まれた日、二度目は結婚式の日、そして、三度目は天国に旅立つ日です。その中で、自分の記憶に残る日は結婚式の日です。

結婚式の志事に携わって、間もなく三十一年目を迎えます。数千組の式に携わって体感してきたこと。それは、結婚式を通してふたりだけでなく、家族をはじめ自分に関わる大切な人すべてを幸せにするということです。

最高の親孝行の日。
支えてくれた人みんなに、ありがとうを伝える日。
みんなを笑顔にする日。

そんな素晴らしい日にもかかわらず、人生にとってとても大切な日を作らないカップルが増えています。入籍するカップルの半分が結婚式を挙げたくないという事実を知りました。しかし、それは裏を返せばブライダル業界が築き上げてきた結果とも言えます。

本来の結婚式の意味を忘れ、もてなす側がもてなされ、進行と時間のルールに束縛された二時間半のために莫大な金額をつぎ込む。そんな結婚式を見てきた若者たちが式にお金をかけるのではなく、ハネムーンや新居にかけたいと思うようになるのは当然のことです。

そんな時、私の中に使命が芽生えたのです。

「結婚式して良かった！　と言ってもらえる人を増やしたい！」

魅力ある価格で、魅力ある結婚式ができる式場を作りたいという想いで、式を挙げたくない人のための結婚式場を作り、五万九千八百円で叶う式を実現しました。でも、そんなに甘くはありませんでした。いろいろな試練にぶつかっては乗りこえ、そして、今、全国を回ってたくさんの人の人生を変えるチャンスを提供しています。

普通の主婦から経営者として結婚式場を経営し、さらに、全国を回ることになるとは想像もしませんでした。人生の軌跡を振り返るとすべてに意味があり、無駄なことは何もないということに気づきます。

私の人生をひと言で申しますと、「波乱万丈」。死にたいと口にするまでに至った一年前、生まれてきた本当の理由を知るまでは。

男女が運命の出会いをし、愛し合い、やがてふたりの新しい命が芽生えて十月十日、お腹の中で育ち、人はこの世に誕生します。命が宿ること、この世に誕生することを偶然だと思っていました。しかし、そうではないのです。すべてが「必然」なのです。

そして、失敗や成功を繰り返しながら人生を歩みます。とても辛い試練が与えられるのです。

そんな人生を全うし、美しく天国に眠るように旅立つことを「天寿を全うする」と言います。その天寿を全うできる確率は、約四十人にひとりぐらいと言われています。

私たちは先祖が「やり残したこと」、「思い残したこと」を託されてこの世に誕生します。これは先祖と交した約束です。この「やり残したこと」や「思い残したこと」を果たすこと、すなわち生まれてきた本当の理由を知ることが今を生きる私たちに与えられた使命だと思うのです。それができれば、天寿が全うできるのではないでしょうか。

実は、それを果たすための大切なヒントはみなさんが必ず持っているものに隠されているのです。それは、この世に誕生して初めてもらうギフト「誕生日」です。

私は、一年前まで「ご先祖様との約束」を知りませんでした。人生のドン底を味わっていたときです。死にたいと毎日泣いていたとき、「個性心理學」に出会いました。そして、人生が百八十度変わりました。

ですから、今いろいろなことに悩んだり、苦しんだりしている人にこの世にどんな使命を持って生まれてきたのかを一日も早く知ってほしいのです。生きるってこんなに楽しくて幸せなことなんだ！　と一日も早く気づいてほしいのです。

人生の中で、ふたつ大切な日があります。ひとつめは生まれた日、そしてふたつめは生まれてきた本当の理由が分かった日です。あなたの、ふたつめに大切な日を知るときが一日も早く来ることを願います。

本書では、私が「ご先祖様との約束」を知ることで自ら体感した、キセキの数々をお伝えしたいと思います。

岡本笑明

もくじ

第4章 歩くパワースポット

笑う門には福来ます

第1章

天職との出会い

流れが一瞬止まった

「今日のランチは何にしようか？」
「終わってからどこいく？」

人生で一番大切な結婚式という晴れ舞台をお手伝いしていた私は、こんなことを考えながら仕事をしていました。日本中が熱狂したバブル全盛期です。各ホテルや式場では、おびただしい数の結婚式をこなします。各地にどんどん高級ホテルがオープンしました。

ハデ婚、ネームバリュー重視のホテルでの式、ゴンドラに乗って新郎新婦が入場するなどゴージャス婚などが当たり前でした。

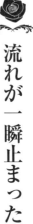

当時、私は関西の有名ホテルでチャペルのオルガニストをしていました。平日は子供から大人にエレクトーンを教え、週末は結婚式の繰り返し。一日に十件、多いと十四件こなしていました。まさしく、ベルトコンベアーに乗って式が流れていきます。
その流れにそって、事務所から渡されたお決まりの曲を演奏する。たとえば、新婦入場ではワーグナーの『結婚行進曲』、指輪の交換では『アメイジング・グレイス』、新郎新婦退場ではメンデルスゾーンの『結婚行進曲』などなど。

普段歌うことない讃美歌や耳にすることもない宗教音楽を毎日同じ進行でくり返します。頭は別のことを考えていても、手は勝手に動きます。披露宴で演奏をしていたときは、お客様のリクエストによって曲は変わるし、ゲストの顔ぶれを見てジャンルを変えたりして多種多様な曲を演奏しましたが、結婚式は新郎新婦が変わっても、進行も曲も全く変わらない。飽き性の私が、十四年間も頑張ってこれたことが不思議なくらいです。

そんなとき、ふと私の頭の中で「これでいいの？」という疑問が浮かんできました。

それぞれ違う環境で生まれ育ったのに、なぜ、みんな同じ結婚式で、同じ音楽なの？

「普段、宗教音楽を聴いてる？」

好きな音楽があるはずです。苦しかったときに背中を押してくれたり、元気と勇気をもらった曲もあるはずです。


どうして、ヴァージンロードはあるの？

どうして、花嫁はベールをつけるの？

どうして、指輪を交換するの？

どうして、指輪をはめるのは左手の薬指なの？

私の中で「どうして？」があふれ出してきます。


「すべてに必ず意味があるはず！」

意を決した私はその日から、結婚式のルーツや全ての意味を研究し始めました。牧師に聞いたり、本で調べたり、聖書を読んだりしました。そうすると、全てにおいて意味があることがわかってきたのです。ブライダルの仕事について十四年目でした。

「このことをもっとたくさんの花嫁さんに伝えたい！」

ふたりを取り巻く環境やふたりの想いを聞いて、ふたりにしかできない結婚式を創りたい。百組の結婚式があれば百通りの結婚式ができるはずです。

私の新たな夢ができました。そして、その日から私の仕事は仕えるではなく志す「志事」に変わりました。

「自分が志す事を仕事にしたい」

でも、その気持ちとは裏腹に「伝えたい」「伝えたい」と思いながらも、いつもと変わらずベルトコンベアー状態で、次から次へと流れていきます。そこには、大切なことを「伝える」という隙間はありませんでした。

自分に嘘をつきながらも、いつかくるチャンスを待っていたその時でした。ベルトコンベアーの流れが一瞬止まったのです。三十分ごとに続くなかで、一時間という隙間ができたのです。この一時間が私の全てを変えることになりました。

私は〝行動〟を起こしたのです。花嫁が控える部屋に行き、緊張している花嫁を前に結婚式の本当の意味を伝えました。

ヴァージンロードは二人の人生を表していること。扉から一歩出た瞬間が母から誕生することを意味し、一歩一歩人生を歩んできたように家族との思い出にひたりながら歩んでほしい。

指輪が丸いのは、途切れのないふたりの永遠の愛を表していること。左手の薬指にはめるのは、その指に流れている血管は心臓に直結していて、心に一番近い指だから、これからどんなことがあってもあなたのそばにいますという意味がこめられていること。そして、ベールダウンセレモニーがあるということを伝えました。

【ベールダウンセレモニー】

両親が手塩にかけて守ってきた娘が、その元を離れて新しい人生の第一歩を踏み出します。彼の元へヴァージンロードを進むまでの間、親として最愛の娘への最後の御守りである、〝世界一美しい壁〟と言われるベールで守ります。そして、守ると同時に子育ての幕をおさめる儀式として「ベールダウン」を行います。

初めて聞く結婚式の意味を、花嫁は目をキラキラさせながら聞いてくれました。そして、最後に聞きました。

「お父さんの好きな曲はなんですか？」

この一言が、その後の私の人生を大きく変えることになることになります。

「父はビートルズが大好きです」

私は、花嫁に確認しました。

「お父さんとの入場のときに、サプライズでビートルズの曲を演奏してもいいですか？」

「そんなことして下さるんですか？　もちろん、是非お願いします！」

私は初めて宗教音楽ではない、曲を演奏したのです。多分、どこの式場を探しても私が初めてだったのではないでしょうか。

『ザ・ロング アンド ワインディングロード』

この曲が私の人生を変える、忘れられない曲になりました。

周りのスタッフたちがざわついたことなど気にならないぐらい、誠意を込めて演奏しました。心から楽しいと初めて思えました。

「こんな結婚式がしたかったんだ！」

私の中にくすぶっていた感情を改めて実感した私は、その日の帰りに所属していた音楽事務所に辞める連絡をしました。

あと先考えず、いつも「やる！」

先のことも何も考えず行動を起こしてしまったこと、十四年間もお世話になった会社に後ろ脚で砂をかけるように辞めてしまったことをしばらく後悔しました。でも、私は「志事」がしたかったし、自分に嘘はつきたくなかった。だから、行動を起こしたのです。

悩んでいるだけでは、何も変わりません。同じ場所に立ったままでは、何も変わりません。動かないと運も動かないのです。一歩踏み出す勇気が必要なのです。後悔しているだけでは、何も変わらないんです。

いきなり無職になった私は、考えた末に「伝えたいこと」を伝えるための一番伝えやすい方法を見つけました。

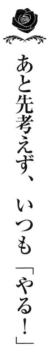

「司会者になろう！」

いきなり司会者ってバカか！　と一喝されるところですが、司会者になることは簡単でした。

なぜなら、ブライダルの世界に飛び込んだ時の初めての仕事が披露宴での演奏者だったからです。

演奏は、全て司会者の声を合図に始めたり、フェイドアウトしたりします。その声が自然に耳から入っているのです。司会者の言い回しやコメント、間合いなど自然に身についていました。

だから、司会者になることはとても簡単でした。演奏者をしていた時にお世話になったホテルの料飲部でアルバイトをしていたご縁もあり、ホテルで司会者として志事をすることになりました。

司会の打合せでは、新郎新婦に「伝える」ことの楽しさが実感できるのでワクワクしていました。目の前で、ふたりの目がキラキラするのがわかるんです。初めて耳にする話を前のめりになって聞いてくれるんです。

私の声ひとつで、会場のゲスト全員がまとまる快感。

私の声ひとつで、湧き上がる笑い声。

全てが快感でした。「司会をしてもらって良かった！」という声をたくさんいただくたびに、司会者になって良かったと心から思いました。そして、「伝える」という夢を叶えた私にはまた新たな欲望が芽生えてきました。


「もっと最初の段階から、新郎新婦と結婚式を作り上げたい」

司会者との打合せは、担当プランナーとお客様との間である程度、進行も内容も決まったあとになります。いうなれば、決まったことを進行表で確認しながら落とし込む仕事なのです。

なんでこの演出？

なんでこの進行？

お決まりのキャンドルサービスに、お決まりの演出。想いやカタチが違うのに、なんで同じ演出しか提案できないの？　ふたりは本当にコレがしたいの？　と以前経験した記憶が蘇ります。

「もっとふたりの背景を知って、ふたりにしかできない披露宴を作りたい！」

そんな新たな夢が芽生えたとき、不思議と夢はどんどん叶っていきます。お世話になっていたホテルの部長が、別のホテルに変わることになりました。そのホテルは、オープン時に千組あった婚礼件数が半分にまで減少していました。すでに、社員に残るか残らないかの決断を迫っているほどでした。

そのホテルから思っていた通りの話が舞い込んできたのです。

「ウエディングプランナーとして来ないか？」

悩んでいる暇はありません。

「はい！　行きます！」

即決でした。断る理由もありませんでしたし、「ウエディングプランナー」という職業が徐々に世間に知れ渡ってきた頃でしたから。お客様と一緒にゼロから作ることができるチャンスだと思い、ふたつ返事で引き受けました。この決断も、私の人生を大きく変えるきっかけになりました。

あと先考えずいつも「やる！」と言ってから考えるのが、良くも悪くも私の性格です。でも、ここからが大変です。ウエディングプランナーという志事は、結婚式のプランニングをして新郎新婦のアドバイザー的な役割を担います。「ブライダルプロデューサー」とか「ブライダルコーディネーター」とも言われます。

挙式から披露宴・料理・花・写真・衣装・ヘアメイク・引き出物などの提案および手配から、金銭的な調整や当日のアテンドまで適切なアドバイスをし、結婚式をトータルでプロデュースします。そして、新郎新婦の希望を叶えるために、ふたりと同じ目線で発想してパーティーの企画や演出を考えて全体を作り上げます。

元々はアメリカで生まれた職業で、二〇〇一年にヒットしたジェニファー・ロペス主演の映画『ウエディング・プランナー』が公開されると、日本でもウエディングプランナーという職業が大人気となりました。ちなみに、日本ではそれまで「宴会予約係」と言われていました。

ウエディングプランナーとして志事をするためには、まず会社を設立しなければなりません。さらに立ちはだかる壁があります。何の実績もないため簡単には取引してくれません。他にはできない、付加価値をつけた営業を考えなければなりません。乗り越える壁は分厚いです。しかし、悩む間もなく人生初の「起業」に臨みます。

行動することが運をつき動かす

まず、会社の名前を決めるために生まれて初めて法務局へ出かけます。同じ、または近い地域に同じ名前があれば付けることはできません。社名は、結婚式↓ウエディング↓笑顔↓拍手喝采↓アプローズから「アプローズウエディング・ＯＦＥ」としました。

たくさんの人に拍手喝采してもらえるような時間を作りたいという思いを込めました。そして、ＯＦＥは「オカモト・ファミリー・エンターテイメント」の頭文字です。

「スタッフは働くコマのひとつではない」

私が前職をやめるきっかけになった理由の一つでもありました。一人ひとりがかけがえのない、家族のような存在でありたい。そして、結婚式はふたりを取り囲む環境、背景が作り上げる舞台だと思うので、私たちウエディングプランナーは、その空間を作り上げるエンターテイナーでいなくてはならないという思いも込めました。

社名が決定したら、今度は創立記念日をいつにするかです。私の誕生日は八月八日、パチパチ（拍手）の日、ダブル末広がりです。結婚式という志事がら最高ですが、間に合わないため「いい夫婦」から十一月二十二日にしました。語呂合わせが好きというところで納得です。

今では一円でも株式会社は設立できますが、当時は資本金一千万円が必要でした。とても無理な金額なので、有限会社で登記することにしました。しかし、それでも三百万円が必要で、なけなしの貯金と両親から貸してもらったお金で何とかしました。さらに、印鑑や定款作成など人生初めてのことばかり。そんなこんなで、なんとか自宅マンションの一室にパソコンとファックスを置いてスタートしました。

取り急ぎ、自分一人では無理なので、共に頑張ってくれる賛同者を探しました。お客様にイメージを伝えやすいのは一番現場を知っている司会者と考えた私は、司会者の仲間に披露宴がない日にウエディングプランナーをお願いしました。もちろん、簡単なことではありません。

「司会者がなんでそんな仕事するの？」

こんな疑問の声を聞きながら、なんとか手伝ってほしいと賛同者を募りました。すると少しずつですが、賛同してくれる司会者が増えていきました。現場の空気を一番肌で感じている司会者がウエディングプランナーをするという、初めての試みがカタチになってきました。

ただし、創業したばかりです。実績も何もありません。ホテルにとって最大のメリットをもたらすことができる提案を持っていかなくては取引してもらえません。メリットがなければ、それまで通りでいいのですから。

そこで、ホテルが困っていることは何か？　を考えました。導き出されたのは、「人手不足」「知識不足」「婚礼件数の減少」の三つのキーワードでした。

人手はある！　知識は誰にも負けない自信ある！　接客力を強化すれば必ず件数に繋がる！　司会の仕事を頂く代わりにウエディングプランナーをホテルに委託することで、Win―Winの関係を作ることができるのではないかと考えたのです。

披露宴の空気感を一番よく知っている司会者が接客をすることで、新郎新婦はより披露宴のイメージが描きやすくなり、ふたりに合った演出が提案できるはずです。でも、そこに新たな費用が発生してはホテルも首をたてに振りません。

そこで、しばらくの間はウエディングプランナー業務にかかる費用は無料として、その分司会者の依頼を頂くことと、ウエディングプランナーが接客して契約までにいたったお客様の司会も頂くというカタチにしました。


しかし、それが初めての大きな試練に繋がるのです。ウエディングプランナーとして初めて来館されるお客様を接客し、契約にいたり、結婚式当日を迎えるまでは、早くて半年後です。そして、その売り上げが立つのは当日で、振り込まれるのは翌月末になります。現場は動き始めているけれど、売り上げが半年先まで立たないのです。

人を動かしている以上、人件費を支払わないわけにはいきません。売り上げが立たない上に人件費という壁がのしかかります。つまり、売り上げゼロで支払いだけが増えていくことになります。これでは資金繰りが苦しく、貯金はどんどん減っていきます。

不安がつのるある日、ヒントを得ることができました。仕事のパートナーが「今日の披露宴で、両親贈呈品ですごいものに出会った！」と息を荒げて帰ってきました。

「生まれたときと同じ体重にしたテディベア」

「これだ！」と直感しました。苦しい陣痛に耐え、わが子に初めて会ったあの瞬間は忘れることのできない最高の想い出。初めて抱く我が子の重みには、同時に責任感も感じます。

「あのときの感動を、今一度思い出してほしい」

そんな想いで作られた素晴らしい記念品でした。すぐに仕入れ先を調べました。そ

空前の大ヒットを記録した「生まれたときと同じ体重にしたテディベア」

して、連絡してアポイントを取ります。じっとしていられないんです。すぐに行動を起こすんです。

その場で、感銘したこと、そして私の結婚式への想いを伝えました。その結果、関西で初の代理店になることができました。すぐさまサンプルを用意して、ホテルにプレゼンテーションです。しかし、お決まりの「できない」のオンパレードでした。

「重くない?」

「持って帰るの大変じゃない?」

「大きくない?」

でも私、相当しぶといんです。反対されればされるほど、絶対に成功する! って頑張れるんです。「絶対に売れるから置いてほしい」と懇願し、なんとか取引してもらうことができました。

しかし、これがなんと! 空前の大ヒットを起こすのです。売れる、売れる! 花屋さんには申し訳ないですが、両親への記念品は「生まれたときと同じ体重にしたテディベア」にほとんど代わっていきました。

動いたのです。収入を待つだけ、収入がないとぼやくだけ、立っているだけでは何も変わらないのです。行動すること。それが運をつき動かすのです。

さらに、結婚式の新しいカタチをホテルに提案しようと思いました。まだメジャーではなかった「人前結婚式」です。いまでこそ流行りになってきていますが、当時の結婚式はほとんどがチャペル式や神前式でした。一九六四年の東京オリンピックを機に、東京では大型ホテルが乱立しました。そして、オリンピックが終わってからは、ホテルでは過剰に余る施設を宴会場に利用する動きが始まります。

神社で挙げていた結婚式が、神主さんの出張も普通になってきたこの頃から、結婚式も披露宴もホテルの中だけで完結する総合結婚式に変わってきました。このあたりが「結婚式産業の始まり」と言われています。

従来はチャペルや神前式場といった大きな会場を貸し切るために、挙式料だけで十万から二十万円相当の費用がかかっていました。その費用は同じホテル内といってもかかるわけです。そうなると当然、結婚式はしたいけれど費用がかけられず式を取りやめるカップルが増えてきます。また、宗教上の関係でキリスト教式はできないカップルも増えてきます。

「費用はかけたくないけど、結婚式らしいことをしたい」

そんなカップルたちの想いを叶えるのが、「人前式」という概念でした。

「披露宴会場とは別に会場を貸し切るから費用がかかる。それなら、披露宴会場の中で披露宴の一部として挙式らしいことをすればいいのでは？」と考えました。オリジナルで考える結婚式のスタイルの「宴内人前式」が確立されましたが、当然費用は無料です。ホテルにとって売り上げにもなりません。しかし、そのスタイルを希望するカップルは約一割存在しました。

そこで、私はあえてたった一割しか希望しない「売り上げの上がらない人前式」に目を付けたのです。

「日本人には欠かせない人前式をもっともっと深みのある良い結婚式にしたい。本来の日本の結婚式のスタイルを取り戻したい」

そんな想いで「売り上げが上がる魅力ある人前式」を模索しました。

皆さんは人前式が日本の結婚式のルーツということをご存じですか？　まだ、結婚式という概念がなかったころは、新しい家庭を築くとき、嫁ぎ先の家に出向いて祝言というカタチで式を行っていたのです。時代劇で花婿と花嫁が正面に座り、両家が向かい合って座っているシーンをよく目にすることがあると思います。

まず、それまでのオルガニストと聖歌隊の生演奏によるありきたりの宗教音楽から、お客様にバイオリン・フルート・サックス・トランペットの中からお好きな楽器を選んでいただき、想い出の曲に応えることができるようにしました。

また、ふたりの永遠の愛の証「結婚指輪」を乗せるリングピローを、たくさんのデザインの中から選べるようにしました。それは、娘の役に立ちたいと私の母がデザインし、ひとつひとつ手縫いで作成するオリジナルです。

そして、ふたりの間に誕生する赤ちゃんが初めて使う枕とすることでデザインにもこだわり、パパとママの愛を全て受けとめてすくすく育つという意味を込めました。

さらに、通常は結婚の誓いを宣べたあと、ゲストに賛同していただく合図は拍手ですが、その拍手の代わりとして、「ベル」を使おうと考えました。

みんなに美しい音色のベルを鳴らしてもらいたい。

ふたりの証人の証として、お持ち帰りいただきたい。

そんな想いに、ふさわしいベルを探しました。神戸や遠くは北海道まで探しに行きますが、良いものが見つかりません。

「無ければ作ろう！」

無ければ、思い通りのベルを作ればいいんだって思ったのです。ベルは中国から取り寄せましたが、それをつける棒が厄介でした。ノコギリなどを使って切りますが、見栄えが良くありません。腎臓が悪く人工透析をしていた父をはじめ家族総出で、その小さなベルづくりに挑みました。

やっとのことで、思い描いた通りのベルが完成しました。拍手喝采に代わる『アプローズベル』です。


全てがそろい、ホテルにプレゼンテーションです。「売り上げが上がる魅力ある人前式」、今までにない結婚式の新しいカタチです。

結婚指輪を乗せるピロー

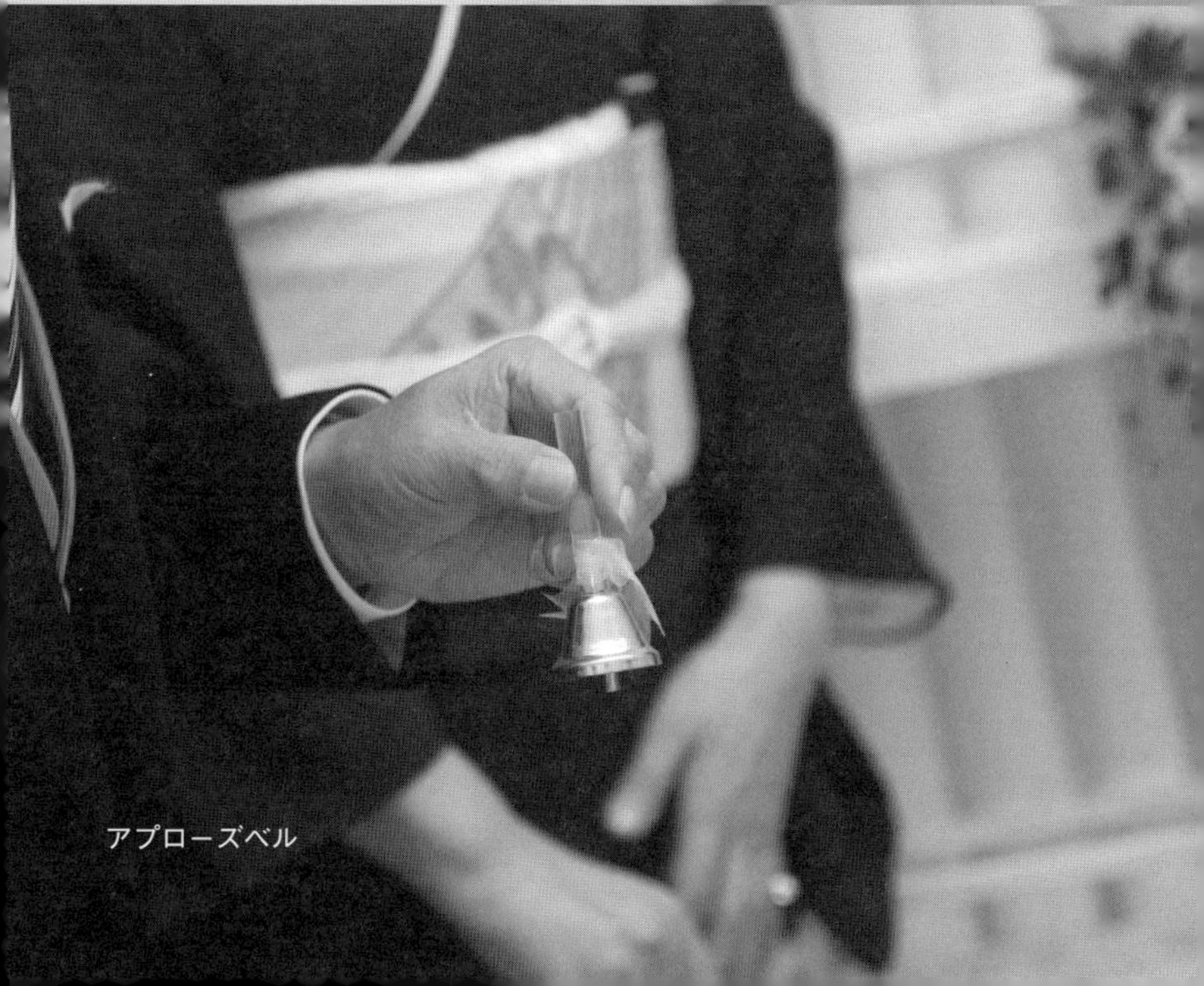

アプローズベル

見事、プレゼンテーションは大成功。夢だった、ふたりにしかできない、ふたつとして同じものがない結婚式を作るキップを手にしたのです。人前式を希望するお客様が増えていくのに、それほど時間はかかりませんでした。

「ふたりにしかできない、ふたつとして同じものはない結婚式」

これが評判になり、やがて念願だったチャペル式も手がけることになります。夢をあきらめず、行動を起こすことで全てが動き出したのです。

当時は毎日三百六十五日、ホテルで志事をしていました。しかし、ある日、一生懸命ホテルの「説明」をしている私は、目の前のお客様を冷静に見た時、お客様の心に全く響いていないことに気づきました。私のウエディングプランナーとしての志事は、ただの「説明」にすぎなかったのです。

もちろん、司会者としてお客様には式の意味合いなどは伝えていました。でも、同じことを伝えていました。みんながみんな同じ情報が欲しいわけではありません。必要とする人もいれば、しない人もいます。一番大切なところであるにもかかわらず、私は目の前のお客様が何を必要としているのかを理解せずに接客していたのです。その時からおふたりの〝声〟を聴くことの重要さを知りました。
どんな話し方をすれば、お客様の心に響くのか？
どんな内容を伝えたら、お客様の心に響くのか？
「説明」ではない、自分なりの「イメージ接客」を作り上げていきました。

結婚式をすることの本当の意味。
結婚式を通して何が変わるのか。
結婚式の中で繰り広げられる全ての意味合い。

ふたりを取り巻く環境や背景が披露宴を作り上げることなどを伝え、ふたりに寄り添って提案することにしました。するとその成果はみごとに表れ、なんと決定率八〇パーセントを保つようになりました。
決定率とは、十組を接客して何組契約に結びつけるかによって割り出される率を言います。野球では打率三割であれば優秀な選手と言われますが、婚礼業界でも三〇パーセント取れれば優秀なウエディングプランナーと言われていました。ですから、驚異な率だったことがお分かりいただけると思います。

そこからです。「ホテルのプランナーにも教育して欲しい」と依頼があり、ホテルスタッフの教育係になりました。

その結果、改装もすることなく、「ハートウェア接客」でホテルは見事V字回復を成し遂げ、年間五百組からほぼ倍にまでなりました。すると、その噂はたちまち業界内に流れ、多くの関係者が視察に来ました。

コストをかければいくらでも改装はできます。いくらでも魅せる会場を作ることができます。でも、それでは何の工夫も生まれません。お金がかけられないからこそ、頭を使って工夫するんです。今思えば、この環境がなかったとしたら今の私は存在しなかったかもしれません。

コストをかけた素晴らしいハードをもつ会場でウエディングプランナーをしていたら、ハードに頼る接客しかできなかったかもしれません。

絨毯のほつれで花嫁のヒールがひっかかる。

壁にあるすごいシミの前に立ってそれを隠しながら接客する。
絨毯《じゅうたん》の汚れを影だと言い張り、小さな薄暗い会場で、あえてキャンドルを駆使したナイトウエディングを提案したり、会場を広く見せる角度や場所を考案したり、創意工夫して何ができるか？　を考えました。コストをかけず、ハードウェアに頼らず、結婚式がもつ本来の意味合いを重視したことで〝ハートウェア接客〟は生まれたのです。

視察に来た人たちに見えるのは、ハードの部分のみです。もちろん、一番重要なハートの部分は一切見せることはしませんから、頭をひねって帰るしかありません。

そのうちに「岡本えみというウエディングプランナーがかなり取っているそうだ」という噂が流れ出しました。それから、全国からウエディングプランナー教育の依頼が殺到するようになりました。

ここからが、後の私の人生にもつながる貴重な経験になります。
ほぼ毎日出勤しているホテルです。家よりも長い時間を過ごします。そのホテルの中での仕事が好きにならずにはいられない環境です。もちろん、そのホテルを心から好きと思えるからこそお客様にも想いが伝わるのだと思います。

でも、全国から教育の依頼が来るとなると話は別です。全く知らない会場ばかりで、ホームページなどで情報を収集しても見えない部分が多すぎます。そこで、各会場のウエディングプランナーへのヒアリングから始めました。

何に困っているのか?

どんな理由で決まらないのか?

どこに負けてしまうのか?

自分の会場を愛せているか?

弱み強みは何か?

聞いても、壁を作って話をしてくれない会場もありました。誰? という目で見る人もいます。驚異な決定率を保っていても、大阪の特定の会場だけでは何の説得力もないことがわかりました。各会場で成果を出さないと認めてくれないのです。

それならば成果を出すために、しばらくは各会場でウエディングプランナーとして接客に出ることにしました。すると、そこでまた大きな壁にぶち当たります。大阪で通用していた接客術が、別の地域ではまったく通用しないのです。


関西人のノリの良さ。

まったくの赤の他人にも、自らのことを何でも話してくれるオープンな性格。

でも、地域によっては心の扉を開こうとしてくれないのです。なんで他人にそんなこと話さなくてはいけないの？　とはっきり言われたこともありました。

「心を開いてくれる人もいれば、同じ事を伝えても全く響かない人もいる」

私の接客は、一部の人にしか通用しない未熟な接客だったことを気づかされました。


でも今思えば、そんな環境を与えてくれたからこそ現在があると思えるのです。もし、各会場で講師として厚遇され、ちやほやされていればきっと天狗になっていたでしょう。そんな厳しい状況だったからこそ、一人ひとりへの接客は違うということを実感し、目の前の人に対してどういう切り口で伝えたらいいか、どんな言葉をかけたら響くかを創意工夫することが身についたのでしょう。

そこから、「伝える」ことや一人ひとりへの「伝え方」を工夫する接客術に加えて、さらに深みのある接客をするようになりました。でも、その時はまだ根拠のない〝感覚〟で伝え方を変えていただけでした。

これまでを振り返ると、全てがその後の人生に繋がっていることがわかります。無意味なことなんて何も無いのです。私の人生の中で一つでも違っていたら繋がりません。でも、私は大きな間違いをしてしまっていました。

私の志事を支えてくれた大切な家族の存在に気がつかず、大好きだった父と母につらい思いをずっとさせていました。それは、私の生まれてきた本当の理由を知り、あらためて自分の半生を振り返ったことで気づきました。

第2章

私の人生、波乱万丈

お利口さんを演じる

私は一九六八年八月八日の九時四十五分、この世に生を受けました。何よりも家族を愛する両親の元に誕生したのです。そして、両家が待ち望んだ初めての孫でした。まだ陣痛がはじまって間もないときから、病院の前にはおもちゃやすべりだい、ブランコなどの遊具が山積みされた大きなトラックが待機していました。

お腹の中の居心地が良いのか、なかなか出てこなくて母を相当苦しませたそうです。痛みに強いはずの母に辛い陣痛が続きました。

高卒の父は独学で英語を学び、外資系の繊維・医薬品会社の役員として海外を飛び回る毎日でした。外資系なので、ファミリーを一番に愛しなさいという理念の元、午後六時には帰宅して必ず家族で食事を囲む日々でした。それが当たり前だと思っていました。尊敬する父からは、幼い時からかなり厳しく躾《しつ》けられました。

母は専業主婦で悠々自適な毎日を送っていましたが、習い事に関しては厳しく、書道の特待生だったこともあり、女性は少々賢くなくても字が上手ければ賢く見える！と私は幼少期から書道漬けの日々でした。

また、海外からのお客様が来た時に「日本の音楽などを聞かせてあげたい」という父の希望で、二歳から音楽教室に通い出します。ここでも練習はとても厳しく、母からは常にお尻をつねられて泣きながら練習していました。

父の仕事の関係で、名古屋に引っ越しました。わたしは五歳の幼稚園年長さんです。名古屋が第二の故郷になりました。

そのときの写真は、どれを見てもあふれるような笑顔がいっぱいの写真ばかりです。古いアルバムを開くと、大切に育てられたことを改めて実感します。

引っ越しが大好きな父は、長くて二年住んでは売却し、また新築します。しかも、住みやすいように設計から関わります。先見の明をもっていたのか、購入するときは何もない場所ですが、売却する頃は高級住宅街になっていました。

父はその間も海外を飛び回り、帰国してはハイブランドのバックなどをお土産に持って帰ってきてくれていましたから、若い頃からブランド品を持つのは当たり前でした。

娘の成長に伴って女性としてのたしなみや躾はさらに厳しくなります。門限は十時。季節のイベントや家族の誕生日は必ず家族全員で過ごすというルール。クリスマスや初詣は友達と行きたくても行けず、羨《うらや》ましいと思いつつも、両親を悲しませたくない思いでルールを守るお利口さんを演じていました。

家族の仲が良すぎて、私が高校三年生まで家族四人でお風呂に入るほど。これは誰に話してもびっくりされます。両親を悲しませることはしたくない。そんな良い子でした。

クレイジーな高校時代

振り返れば、高校生活が私の人生で一つ目のターニングポイントでした。先輩がいない、制服がかわいいからという浅はかな理由で、倍率八倍という名古屋の新設校を受験しました。猛勉強の甲斐もあり、無事に合格しました。でも、これが私のハチャメチャ人生への扉を開きました。

入学式までは本当に真面目でしたが、入学式の日、私はこれからのハチャメチャな人生を共に歩む運命の人に会い、そこから人生が変わっていったのです。生年月日がまったく同じ。運命のいたずら？　いきなりその日に告白されました。

思い起こせば、中学生の頃の恋愛なんて手をつなぐのも恥ずかしくて、歩く距離もパーソナルスペースを確保しながらのデートでした。映画を見るのも、食事をするのも初々しさしかなかった。そんな中学時代とは百八十度違った、世界が繰り広げられることになるのです。

彼は、バスケットボール部のキャプテンでした。ファンの数は数知れず、私に〝彼女〟というポジションが与えられた瞬間、たくさんの敵が私の周りにむらがりました。小学生のころは「強力オカモト」「ライオン丸」などと男子から恐れられたことはありますが、ケンカなんてしたことはありませんでしたし、むしろ、ケンカをしている友達の間に入って仲介するポジションでした。

でも、高校に入ってからはケンカだらけ。いじめなんて小汚いやり方は大きらいだったので、真正面から体当たりの毎日でした。そんな中、命がけで守ってくれる彼を頼もしいとしか思えず、どんどん彼にのめりこんでいきました。

しかし、ものすごい束縛で、少しでもほかの男子と話していたら廊下引きずり回しの刑です。今思えば、絶対にあってはならないドメスティック・バイオレンス。束縛イコール愛されているというとんでもない勘違いでした。そして、毎日片時も離れ

クレイジーな日々を送っていた頃

ず、「夜遊び」という楽しすぎる毎日を彼は教えてくれました。

ちょうどそのころ、父は海外を飛び回り、日本にほとんどいない毎日でした。すると、時間をもて余した母は〝ただ、さみしいから〟という理由で仕事を始めるのです。元々やり手の母はその仕事ぶりが認められ、異例のスピードで洋風居酒屋の責任者に抜擢されました。

毎日、夜から朝方にかけての仕事をこなす母。夜遊びを知った私にとっては絶好の環境でした。先輩もいない自由きままな高校生活を謳歌します。でも、母は完全に昼夜逆転した多忙な生活にも関わらず、娘ふたりのお弁当も家事もすべて完璧にこなしていました。

そんな母の努力を横目に、お弁当は二限目で完食し、授業を抜け出して行きつけの有名なうどん屋へかけつけて〝ランチタイム〟。そして、毎夜、繁華街へ〝部活〟という名のディスコ通いを繰り返します。その後はニューハーフの店、そしてカラオケ。今思えばクレイジーな毎日でした。

よく友達に言われました。

「えみは悩み事ないよね！」

本当に悩みごとなんてありませんでした。でも、そんな毎日でしたが、やるときはやる、やればできる子でしたので、先生から注意を受けることもなく無事、卒業式を迎えます。

大阪へ

高校卒業と同時に父の大阪本社への転勤が決まり、家族全員で大阪に戻ることになりました。十三年後に戻った場所は、伊丹市でした。当時では珍しいプール付きのマンションの最上階です。

〝家族一番〟である父の考えは、それぞれの部屋へは必ずリビングを通って行ける間取りです。ですから、今まで建ててきた家は全てその構造を採っていました。そして、子供が小さい頃は足が地についた場所で育てたい、頭上を他人に踏まれたくないという理由から一軒家でした。

娘たちも成長し、一度はマンションに住んでみようと初めてマンションを購入しました。もちろん、条件は頭上を踏まれたくないから最上階、そして、各部屋はリビングを通る間取りです。


兵庫県西宮市を走る〝関西で一番気品ある電車〟と言われるあずき色の阪急電車。その神戸線・甲陽線の夙川駅から山手に上がると、閑静な高級住宅街が立ち並びます。そして、さらに上がると最高級住宅街の芦屋六麓荘があります。

「景色が良いから」

そんな高台にあり、神戸の街を見渡せる場所に建つ幼児教育科が充実した短期大学を選び、関西での学生ライフを楽しみました。みんなが坂道を十分かけて上るのを横目に駅から毎日タクシー通学です。授業は出席届けを出して抜け出し、神戸の繁華街でお買い物やグルメを楽しみます。相変わらずのディスコ、カラオケ通い。

エレクトーンの厳しいレッスンに打ち込む

そんなおバカな毎日でしたが、「音楽で仕事をしたい」という夢を叶えるため、平日は子供から大人にエレクトーンを教えながら、ブライダルの会社でアルバイトをはじめます。その会社は、結婚式や披露宴にエレクトーンやピアノの生演奏者を派遣していました。

入ってすぐにレッスンが始まります。演奏はできますが、ブライダルではタイミングやセンスが問われます。

「三ヵ月で仕上げるからね！」

こう言ってスパルタ指導をしてくれたのが、私のブライダルへの道を開いてくれた恩師でした。とても厳しいレッスンでしたが、それが絶対にへこたれない根性を養ってくれたと思います。

恩師が独立する時には、私はついていくことを選び、十四年間、ブライダルの演奏者としてのノウハウを学びました。他では経験できないほどの件数をこなし、たくさんの結婚式を経験させてもらいました。

初めての仕事は、航空会社が主催する社内イベントでの演奏でした。炎天下の中、開会式から閉会式まで、競技中も弁当時間も演奏し続けるという過酷な仕事でした。また、バブルの頃でしたので、次々と新しいゴルフ場がオープンします。毎週のようにエレクトーンをクルマに乗せてマネージャーと走り、竣工式やパーティーで演奏しました。

週末は披露宴です。来賓入場からお開きまで、歓談中もゲストのカラオケも全て生演奏です。婚礼もどんどん増えていく時代で、一日二件は当たり前、多いときは三件もこなしました。

好きな物をがまんせず買えて、おいしい食事をがまんせず食べて、両親を旅行に連れていったり、一番贅沢でストレスのない毎日でした。ですから、短大卒業後もブライダルと「先生」と呼ばれる仕事をし、なに不自由ない暮らしを送っていました。

意地の結婚

当時の結婚適齢期は、二十五歳でした。二十五歳と二十六歳とでは世間の目が変わる時代です。ちょうどそんな時、運命の出会いをします。

事務所から急な仕事の依頼が入りました。たまたまスケジュールがぽっかり空いていたので受けて、運命の披露宴に出かけました。彼は司会者。同じ事務所に所属していましたが、初めて会いました。

披露宴後、絶妙なタイミングが重なりました。着替えるとき。帰りにホテルの裏口から出るとき。そこから、自然の流れで食事を一緒にすることになり、私の知らない世界や知識の豊富な彼にどんどん惹《ひ》かれていきました。

頭も良くて、英語もできて、頭の回転も早いので話が尽きることはありません。彼のことを心から尊敬していました。そして、結婚を意識するようになりますが、難関が立ちはだかります。

私の結婚の条件は、婿養子に来てもらうことでした。

ところが、彼は長男にもかかわらず婿養子に来てくれるというのです。弟がいるから名前は途絶えないからと。私にとって、思い描いた通りの理想の結婚でした。ところが、結婚の準備を進めていく中で、なぜか両親がこの結婚に良い顔をしないのです。特に母が。理由を聞くと、直感と言われました。

私からすれば、親の直感なんて迷惑なだけです。

「なんで？　結婚までも親の意見に従わないといけないの？」

「両親の眼鏡に叶う人なんてこの世にいない！」

「いつまでも親の言いなりにはならない！　子供じゃないんだから！」

今まで、我慢してきた思いが一気に溢れ出ました。

ずっとお利口さんでいました。両親を悲しませたくないという思いで、友達とのクリスマス会やカウントダウンも初詣も全部がまんしてきました。

「母が悲しむ。でも、なぜ友達との時間が許されないの？」

自分の気持ちに嘘をつきながら、親の敷いたレール通りに歩んできました。でも今回ばかりは納得行かず、歯向かいました。両親の束縛から解放されたいという思いも強かった。家から出たかったのです。

結局、両親の声を無視して結婚準備を進めました。もう後には引けず、進むしかありません。そして、親戚から両親への説得もあり、結婚式の日を迎えました。


生まれて初めて、自分の意思で決めた道でした。ネームバリューで決めたホテル。派手婚。ハネムーンはフロリダからニューヨーク、サンフランシスコとアメリカを満喫しました。英語が堪能で外国人を前にしても臆しない主人を頼もしく感じました。

門限に縛られず、時間を気にせず遊べて同じ場所に帰ることができる幸せ。両親の束縛から解放され、初めて羽を大きく広げることができた最高の毎日でした。ところが、この最高に幸せな時間は、帰国するまででした。

帰国後にふりかかる、親族までも巻き込んでの壮絶な出来事。ここでは詳しく記すことはできませんが、どこの家庭でも、おおよそのもめごとは経済的理由や宗教の問題です。勃発した大問題から以降、両親、特に母の、主人に対する毛嫌いが始まりました。

それでも、主人と母の間をとりもちました。婿養子に来てくれた彼にとって私しか味方はいません。家族団らんの旅行を計画したり、食事に誘ったり、いつか必ず理解しあえる日が来ることを信じて一生懸命がんばりました。それでも、頑固な母は断固として考えを変えることはありませんでした。

ふたりのかわいい娘に恵まれたものの、母は娘を離さず、両親の家から幼稚園や学校に通います。ひとつ屋根の下で家族水入らずで寝ることもできない、食事に行くこともできない、旅行にもいけない。当たり前と思っていた生活が出来ない日々が続きます。

手をつないで歩く幸せそうな家族を見ると、どうしてできないのかと悲しくなりました。仕事を続けていたので、娘は母に見てもらわなければなりません。ですから、母の意見に背くことはできず、従うしかありませんでした。結局、母の気持ちを害することがないように気を遣う毎日で、束縛から抜け出すことはできません。

母と主人、両方の顔色を見ながらの毎日が続きます。誰にも相談できない私は、志事に没頭することで辛い毎日を忘れるようにしていました。

そんな中でも唯一、憩いの時間はありました。それは、大好きな父との会話です。父だけは私の味方でした。毎週クルマで仕事場への送り迎えしてくれる父との時間は、私にとってモヤモヤを解消してくれる大切な時間となりました。父は私の愚痴や悩みをすべて包み込んでくれました。

父との別れ

起業して一年、三十三歳のときです。大好きな父に胃がんがみつかりました。

「開いてみないとわからない」

ドクターの無情な言葉に、家族全員が涙しました。宣告を受けてからは、本当に苦しい毎日でした。

父の赴任先のシンガポールで妹(左)と

「えみ、行ってくるね！」

父は元気な笑顔で手術室に入りました。時計の針がいつもよりゆっくり流れていると思えるほど、長い時間が経過しました。

「胃の三分の二の切除で済みましたし、転移もまず大丈夫でしょう」

手術室から出てきたドクターからこう言われたときの喜びは忘れられません。

父が目覚める頃、集中治療室にかけつけました。

「えみは？」

目が覚めて初めて発した父の言葉です。

母よりも先に私を見つけたときの父の笑顔。そして、まだ麻酔でもうろうとしている中でもこうつぶやいたのです。

「退院したら、えみの誕生日会せなあかんな」

どんなに年を重ねても、必ず家族の誕生日は家族で祝うことを大切にしてきた父。よほど心に残っていたと思います。父の手術は、私の誕生日の翌日、八月九日でした。でも、これが父と交わした最期の言葉となりました。

「また明日来るね！」

約束して、集中治療室を後にしました。

「明日には一般病棟に移っていますからね」

看護師さんの声が、安心感を与えてくれました。


翌日の早朝、電話の音が鳴り響きます。病院からでした。胸さわぎを覚えました。父の容体が急変したことを告げます。どうやって準備したか記憶にないまま病院にかけつけました。

病室に入ったときの光景は忘れられません。父の上にドクターがまたがり、心臓マッサージを懸命に繰り返していました。大切な父の命を支えていたのは、全身にまかれた大量の管だけです。

その姿を見て、これ以上父を苦しませたくないと決断しました。

「もうやめてください」

父は静かに天国に旅立ちました。私の誕生日の二日後でした。

心のよりどころがなくなりました。人生空回りです。父が亡くなると、主人に対する母の態度はさらに悪化しました。目も合わせない、話もしない、やることなすことすべて否定です。

「この状況から抜け出したい」

そんな時、話を聞いてくれる人が現れました。現在、私の右腕となってくれている人です。心の支えとしてだけでなく、ビジネスパートナーとしても支えになってくれました。

彼は同じブライダルの仕事をしていましたが、ストレスで体調を崩して療養中でした。私の志事に共感してくれ、その後、経営に携わってくれることになりますが、それまでの道のりはとても長く、波乱万丈な人生はさらに加速し始めます。

父が亡くなってポッカリと空いた私の心を満たす時間は幸せでしたが、やがて主人の知るところとなります。

それでも私、かなりしぶといんです。彼への想いを止めることはできませんでした。これから訪れる壮絶な日々は想像できましたが、その想いは簡単ではありません。今の生活を捨てるまでの決心をしていました。

そんな矢先です。さらに、神様は私を苦しめます。


生理が遅れます。恐る恐る妊娠検査薬を購入しました。結果は陽性でした。でも、宿った命を、自らの手で消すことだけは絶対にしたくありません。

「産みたい」


当然、家族は猛反対です。説得しますが聞き入れてもらえず、苦しくて辛くて、家から一歩も出れず、泣いて過ごす毎日を送りました。朝起きる度に、「夢であってほしい」と何度願ったかわかりません。

結局、私の願いは叶いませんでした。

「絶対に離婚しない！　する意味がわからん！」

主人は私の話に全く耳を傾けませんでした。

しばらくして、主人は仕事も兼ねて気持ちを整理してくると、アメリカへ旅立ちました。「帰国後にもう一度話し合おう」と言い残して。

帰国後、私たちはもう一度話し合いました。しかし、私の気持ちは決まっています。でもあれだけ反対していた主人が離婚することを承諾してくれたのです。アメリカ滞在中にどんな変化があったのかは話してくれませんでしたが、何かがあったのだと思います。ただ、私の志事に対する姿を見て、一緒に歩むのは自分ではないと感じたのかもしれません。

「一緒について行こうか？」

心配する母の言葉に甘えず、ひとりで市役所に向かう途中、背後から声が聞こえました。

「バンザーイ！　バンザーイ！」

マンションのベランダから大きな声で叫ぶ母がいました。その姿を見た瞬間、この十年間どれほど辛い思いを母にさせてきたのかが、やっとわかりました。

離婚届を提出した日は、父の命日でした。母の喜ぶ顔を見て「これで親孝行ができる」と志事に没頭します。

第3章

ふたつのリトルメリー

神様からのテスト

神様は私に大きなテストを与えました。

銀行から多額の借り入れの提案を受けました。バブル当時の金融機関はどこも「借りてほしい」と甘い言葉をかけていました。

お金の計算ができない私は、将来のことを全く考えず、その言葉に乗って多額の借金を背負うことになります。通帳にものすごい桁《けた》の数字が並びました。

その直後、取引先の婚礼件数が大幅に落ち込みました。バブル崩壊と共に急激に景気が冷えこんだのです。取引先におんぶにだっこだった私の会社も急降下をたどりました。そうなって初めて気づくのです。

「自社で売り上げがあげられる志事をしなければ！」

毎日通る道にずっと前から気になっていた、素敵なレストランがありました。天井高があり、全面ガラス張りのテラス付き、イタリア国旗が映えるおしゃれなたたずまいです。

ちょうど「レストランウエディング」という言葉をよく耳にするようになっていた頃でした。東京ではすでにトレンドになっていました。世界でいえばニューヨークが流行の発信地。日本でいえば東京です。

また、これまでのような両家が主体の披露宴ではなく、ふたりが主体に変わってきたのもこの頃です。当たり前だった仲人も立てず、高砂はふたりだけ。「○○家○○家結婚後披露宴」ではなく、「○○さん○○さんのウエディングパーティー」とされるようになってきました。

そして、もてなされる側からもてなす側でいたいという新郎新婦が増え、一つのメインキッチンで何組ものお料理を作るのではなく、大切なゲストのためだけに作られた料理を、温かいものは温かいうちに、冷たいものは冷たいうちに出すという〝料理重視〞のスタイルに変わっていきます。

「そうだ！　レストランウエディングをやろう！」

そう考えたら即、行動です。自分たちが本当に美味しいと思わなければ、お客様に勧めることはできません。そこで、ずっと気になっていたレストランに、食事にでかけました。そこは、北堀江にある「レストラン　マザーズ」。名前にも縁を感じていました。結婚式のときに一番の感謝を伝えたい人は、やはり〝お母さん〟だからです。

レストランに初めて足を踏み入れます。店の前を通っていた時に描いていたイメージ以上の素敵な空間です。笑顔で迎えてくれるスタッフ。落ち着いた場所、キッチンやホールスタッフから死角になるテラス側の席に案内していただきました。VIP待遇が大好きな私はこれだけでご満悦です。

店内のスタッフは、みんなとっても素敵な笑顔です。メニューには、こだわりの野菜が紹介されています。

ワクワクしながら料理を待っていると、オープンキッチンからまず一品目が運ばれてきました。初めて見る、食べたこともない野菜が宝石箱のように盛り付けられています。ひとつひとつ丁寧に野菜の名前を紹介してくれるホールのかわいい女の子。私たちの目は、たぶんキラキラキラしていたと思います。
しかも、そこで働くスタッフ全員が見学に行き、どんな土や肥料で育ち、どんな人が作っているのかを把握した上で出す安全・安心の食材にこだわった料理の数々です。メインホールから死角なのに、絶妙なタイミングで次の料理が出てきます。隠しカメラでも付いてる？　とうたがうほどです。今まで行ったお店の中で、イタリアンでは一番になりました。

空間良し、スタッフ良し、料理良し、タイミング最高！

「こんなところでレストランウエディングがしたい‼」

早速、お店のオーナーにアポイントを取ります。そこで、私たちの結婚式に対する想いや披露宴における料理の重要さ、同じ火で作った同じ料理を同じ空間で分かち合うことで絆を深める大切な料理への想いなどすべてを伝えました。

オーナーにも納得していただくことができ、私たちの想いが叶ってレストランウエディングがスタートしました。

この出会いはもう十年以上になります。こだわりの食材とシェフがおりなすリトルメリーの料理は、ここ「マザーズ」の味なのです。

レストランウエディングが始まり、宴内人前式と披露宴、海外で挙式をしてきたカップルの披露宴などをしましたが、チャペルがないということで他社に負けることも多くありました。

「いつかチャペルを持てるようになりたい」

すると、この願いを叶える話が舞い込んできました。「思えば叶う」まさにそんな感じでした。八階建ての結婚式場「リトルメリー教会」です。

聖マリア様の小さい頃の愛称として親しまれている「リトルメリー」。とてもかわいくて愛らしい名前に惹《ひ》かれました。そして、その名前を買い取って継承することにしました。

リトルメリー教会オープン

天満橋に八階建ての結婚式場「リトルメリー教会」をオープンしました。元々、二年前まで教会を運営していた結婚式場のビルでした。細長いビルには、結婚式に必要な備品がぎっしり詰まっていました。

全ての備品を譲り受けましたが、昭和を彷彿《ほうふつ》とさせる古いデザインのものばかりでした。まず、これらを捨てることからです。改装を全てプロにお任せすると一千万円は下りませんので、自分でできることからやろうと決意しました。

人生で初めて養生貼りをし、ペンキ塗りをしました。全ての壁に想いを込めながら。

当時、入籍するカップルは全国に約七十万組いましたが、結婚式を挙げるカップルはたったの半分という現実を知り、衝撃を覚えました。

「費用がかかる」

「魅力がない」

「準備が大変」

こんな理由を払拭《ふっしょく》するような式場にしたい、という想いでリトルメリー教会をつくりました。三十年も結婚式に関わる志事だけをしてきたので、結婚式のすばらしさは誰よりもわかっているつもりです。

結婚式を挙げない人をゼロにしたい！　という想いを詰めこみました。

一階：ブライダルサロン

二階：衣装室

三階：室内チャペル

四階：親族控室

五階：写真スタジオ

天満橋リトルメリー教会の天空のチャペル

六階：親族着替え室
七階：オフィス
八階：天空のチャペル

完全貸し切り。金額を気にせず選べる衣裳。ヘアメイク・着付け付き。花嫁インナーのレンタル付き。バイオリンまたはフルートの生演奏付き。写真付き。これで二百万円近くかかる費用をぐんと抑え、総額五万九千八百円を実現しました。キャッチフレーズは「あったか結婚式！　五万九千八百円」。

通常、結婚式場は会場自体が自社管理だとしても、式を作り上げるためには牧師・聖歌隊・美容師・衣装屋・カメラマン・司会者などが契約をした各会社から派遣されて当日を迎えます。そうなると、各会社と会場側の利益を乗せた金額がお客様価格になります。

そこで、私は中間の利益を減らして価格を下げる工夫をしました。自社で牧師・演奏者・司会者・カメラマン・美容師・衣装屋をすることで中間の利益を無くすことに成功したのです。

数十万かかる結婚式は、この料金でできるのです。
数十万かかるドレスも、すべて含まれているのです。

そして、式へ参加する人数の平均がおおよそ六十名から十名以上減ってきていましたので「少人数制結婚式」を作り上げました。当時はまだ多人数の結婚式が主流でしたから、これは画期的でした。

「こんなにも少人数で挙げたいと思っているカップルがいたんだ」

私達もビックリするほどお客様が増え、年間百八十組もお手伝いさせてもらいました。でも、現実はそれほど甘くはありません。ようやく軌道に乗ると思った矢先のことでした。

襲いかかる最大の苦しみ

珍しい春台風が、二〇一二年四月にリトルメリー教会を襲いました。ビル全体が暴風にあおられて、ミシミシと音を立てます。最上階にある天空のチャペルのアクリルの屋根や壁はいたる所が外れ、バタバタとものすごい音を立てながら今にも飛んでいきそうです。

スタッフ全員で、死に物狂いで必死に押さえますが、チャペルと一緒に飛んでいってしまいそうで、生きた心地がしませんでした。しかし、必死に押さえた甲斐もなく、無常にもチャペルの屋根は飛んでしまいました。幸い、人に危害はおよばなかったものの、周りの家屋には多大な迷惑をかけてしまいました。

おまけにものすごい雨量で、階段には滝のように泥水が流れます。私たちはただ茫然と立ちすくむだけで、何もできません。これほどまでに、天災に対して人は何もできないということを実感したことはありませんでした。

一瞬「もう終わりだ……」と思いました。

それでも、私本当にしぶといんです。絶対に諦めないんです。雨が止むとスタッフ全員で雨水をかき出し、後片付けに取りかかりました。全ては私たちのお城を守るために。そして、大切なお客様の結婚式を全うするためです。

何かのために、何かを守るためだったら人はいくらでも動きます。先が見えなくても必死になんとかしようとするのです。小さなパワーですが、みんなで力を合わせてなんとか、私たちの〝お城〟を復活させることができました。

みんな疲労困憊で、ヤレヤレと思ったその時です。これでもか！　とさらなる試練が押し寄せました。抜き打ちで、消防が立ち入りました。

近所の通報でしょう。消防が突然訪問し、館内チェックが入りました。でも、まだその時点で私は気づいていません。

「なぜ、消防が抜き打ちでくるのか？」

チェックしても、何も問題はないと信じていました。何の疑いもなく。

全てのチェックが終わり、消防からの通告に全身が震えたことを今も鮮明に覚えています。

「不特定多数の人が出入りしてはならないビル」

耳を疑いました。なぜなら私が引き継ぐ前から、ずっと式場として運営していたからです。もちろん、不特定多数の人が出入りすることは当たり前です。

「騙された⁉」

即、立ち退き命令が下りました。ようやく軌道に乗りかけ、たくさんのお客様に認知していただけるようになった私たちのお城です。

オープンして二年、あきらめかけていた結婚式を挙げたい人が、こんなにもたくさんいるということがわかり、そんな人達に必要とされていると思って大切にしてきました。

目の前が、一瞬で真っ暗になりました。

これからどうしたらいいのか？　なぜ、こんなにも次から次へと試練が襲いかかるのか。

「すべて投げ出して、消えてしまいたい！」

一瞬そんな思いがよぎりましたが、悩んでいる暇はありません。なんとか少しでも立ち退き期限を延ばしてもらいながら、お客様のために次の場所を探さなくてはなりません。しかし、そこに立ちはだかったのが「資金」でした。思うほどの準備ができないまま、場所を探す毎日が始まりました。

不動産屋に行き、物件の情報を取りました。そして、居抜きで良い物件があれば知らせてほしいとお願いしました。家賃が合わないので、主要ターミナル駅から少し離れた駅で降り、ひたすら歩いて探し回りました。

消防になんとか延ばしてもらいました。期限は十一月末です。それまでになんとか探し、改装して移転できるようにするには、九月までにはメドをつけなくてはなりません。

事務所であれば山ほどありますが、「結婚式場」という特殊な箱です。
・立地環境の良いところ。
・天井高がほどよくある空間。
・会食スペースが確保できる広さ。
・キッチン設備は必須。
・駐車場もできればほしい。
・チャペルスペース、ブライズルームスペース（着替え部屋）は必須。
・控室スペースもできればほしい。
最低でもこれだけの条件を確保しなければなりません。

時が経つのがこんなにも早いものかと感じるほど、毎日があっという間に過ぎていきます。なかなか見つかりません。眠れない日々が続きます。

十二月以降も結婚式を楽しみにしてくださっているお客様がたくさんみえます。次の場所も決まらないままでしたが、お客様は何も知らず見学や打合せに来館されます。しかし、お客様にはその事実を伝えなくてはいけません。

「場所はまだ決まってないのですが、必ず良い式場にします」

こう言うしかありませんでした。先が見えない状況をお客様に伝える苦しみは、もう二度と味わいたくありません。でも、本当に救われたのは、お客様からの優しい言葉でした。

「信頼しています。良い式場になることを楽しみにしています」

普通なら叱られて当たり前ですが、どのお客様も私たちを信じてくれました。結婚式という一大イベントに〝不安〟を与えてしまったにもかかわらず、逆にお客様に救っていただきました。

そんなお客様のためにも、絶対に今よりも良い式場にしなくてはなりません。場所探しに力が入ります。しかし、そんな意気込みとは裏腹に、結局、十月になっても見つかりませんでした。

「間に合わない」

そんな思いがよぎります。十二月に結婚式を挙げるお客様には、もしかしたら間に合わないことを伝え、その場合は他の式場を借りて、式のお手伝いだけはさせていただくことにしました。

すでに三十件ほど回りました。目の前は真っ暗です。諦めかけたことは何度もありましたが、そのたびにお客様やスタッフの笑顔が浮かびます。

「諦めたら最後」

出口の見えない迷路をさまよいました。

そんな時でした。一本の電話が入ります。福島区の『ほたるまち』という場所にイタリアンの店があり、そこを継承できるテナントがないか探しているという情報でした。

すぐにかけつけました。まだ営業していたため、ランチのお客のフリをして品定めです。

「ここだ！」

なぜだかわかりませんが、これまで見学してきた中ではなかった初めての感覚を覚えました。土地の空気感や明るさ、そして、都会にもかかわらず時間がゆっくりと流れているかのようなゆったりした環境。

ランチの後、回りを歩いてみました。主要ターミナル駅の梅田からも徒歩圏内で、JR環状線や東西線、阪神線、京阪中之島線、どの駅からも徒歩五分圏内という素晴らしい立地です。しかも、駐車場完備です。

店の前の道はあまり車が行きかいません。歩道もぜいたくに空間を使い、緑があふれ、都会とは思えません。さらに、終日、日差しが注ぎ込みます。

背後には水の都・大阪ならではの雄大な川が流れ、川沿いを散歩やジョギングをしたりして優雅に時間を楽しむ人が目立ちます。

店の西側には、関西の〝トレンド発信拠点〟でもある朝日放送の新社屋がそびえます。この一帯は関西電力の開発地で、ほんわかするあったかい光で人々を照らすという思いから『ほたるまち』と命名されました。人が癒される場所に必要な、緑と水と光の全てがそろっていました。

「ここしかない！」

時間はありません。すぐにオーナーに繋いでもらい、商談を始めます。しかし、やっと一歩進んだと思った矢先に、また問題が立ちはだかりました。

それは、保証金です。とても準備できない金額でした。でも、これを逃したらもう二度とこんな素晴らしい物件には出会えないと思いましたし、これ以上お客様に迷惑をかけることはできません。

私は母に泣きつき、なんとか保証金を貸してもらうことにしました。契約書に印鑑を押したのは、十一月一日でした。しかし、退去は、あと一ヵ月後に迫っています。

元々イタリア料理のお店です。壁には魚介類の絵が描かれていました。青や赤など原色が目立ちます。ウエディングにはふさわしくありません。

思い描いたイメージは、フレンチカントリーです。家にいるような癒される空間にしたかったので、すべてを柔らかい雰囲気にする必要がありました。そんなイメージを建築デザイナーに伝えましたが出来上がりにがく然としました。そこで、以前お世話になった大工さんに直接伝えることにしました。立ち止まっている時間はありません。考えながら行動するのです。

ただ、全てをお任せしては格安結婚式は成り立ちません。天満橋で培った経験を生かして、できることは自分でやろうと決意しました。


まず、ペンキ塗りです。

選んだペンキは、ミルクペイントです。森永乳業のミルクを原料とした天然由来ペイントで、匂いもなく、伸びが良くて塗りやすく、乾くとマットな仕上がりになります。耐水性もあるので、テラスにも使用できることから決定しました。

スタッフも休みの日を割いて、順番に手伝いに来てくれました。娘も母もみんな総出で、「ほたるまちリトルメリー教会」に魂を込めていきます。髪の毛やGパン、Tシャツがペンキで汚れたみんなの姿に、泣き虫な私は号泣です。

みんながペンキを塗ってくれている間に、椅子を買いに行きます。何度も何度も往復して運び、組み立てやニス塗りと、みんなで力を合わせて少しずつ完成に近づいていきます。

おかげで、壁は美しく真っ白になりました。その後は大工さんに不要な壁を取り除いてもらい、フロアをあたたかい色目の木目に変えてもらいました。できるだけ自然のものを使用したかったので、チャペルの壁には真っ白なレンガを積み上げでもらいました。

こうして、全体を柔らかい雰囲気にした、私たちの〝新しいお城〟が完成しました。退去一週間前でした。

ほたるまちで再スタート

私たちの魂がこもった新しいお城「ほたるまちリトルメリー教会」では、天満橋では叶わなかった、移動せずに挙式をした場所と同じ場所でパーティーを開くことがで

リトルメリー教会に魂を込めるスタッフのペンキ塗り

きます。思い通りの素晴らしい環境で生まれ変わりました。

「大変なときは、大きく変わるとき」

大好きな方から教えていただいたこの言葉を信じて、あきらめずに頑張りました。デザイナーズチャペルや大聖堂がどんどん建つ中、同じようなものは作りたくなかったので差別化を図るために、忘れかけられていた結婚式の原点を取り戻したいという思いで日本の古き良き時代の結婚式を再現することにしました。


日本の結婚式は、嫁ぎ先やふたりの新居に大切な人たちを招いて、それぞれの家庭から巣立って新しい人生を歩みだす報告をしたのち、同じ火で作られた料理を同じ空間で分かち合うことから始まりました。


ふたりの新居に大切な人たちをお招きするような空間を作りたい。

ふたりの一日限りの新居として使ってほしい。

これを「マイホームウエディング」のコンセプトにして作りました。できる限りシンプルな内装にし、でも温かみのある色合いにこだわって、まるで家でくつろいででい

再スタートしたリトルメリーのコンセプトは「マイホームウエディング」

るかのような落ち着いた雰囲気にします。そして、式の前日にはふたりの新居に飾る趣味の雑貨や写真など好きなものを送っていただき、ふたりのマイホームのようにしつらえます。引っ越しのあわただしさを出すために、段ボールがいくつも届くこともあります。

アットホームで落ち着く雰囲気のリトルメリー教会は、〝古き良き時代のカタチ〟をずっと伝えていきたい、そんな想いが詰まったお城にしたのです。

しかし、本当の苦しみはここからでした。

移転先が決まり、ネット上で広告宣伝をします。でも、お客様が来館されて決定いただいても、売り上げになるのは早くても三ヵ月先です。運転資金を準備できないいま立ち退きになったため、新たに「資金繰り」という大きな問題が押し寄せてきました。

それでも、私しぶといんです。絶対に諦めないいんです。

立派なキッチンがある。

平日はあいてる空間がある。

「そうだ！　平日、カフェをしよう！」

一応十年間主婦をしていましたので、自分で言うのもなんですが料理は上手です。そこで、平日にランチ営業をすることにしました。周りはビジネスマンやＯＬが行き交います。

働き盛りのビジネスマンのための「パワーランチ」と美と健康を気にするＯＬのための「マクロビランチ」を作ることにしました。

豚と牛の合挽ミンチに、食パンから作るパン粉でつなぐ特製手ごねハンバーグと大きなエビフライに、サラダと手作りスープ、五穀米をつけるパワーランチ。特に好評をいただいたのは、見た目も味もカラ揚げなのに、素材は大豆というヘルシーなマクロビランチは大人気メニューになりました。主婦だった力を発揮しながら、日銭を稼ぎました。

じっとしているだけでは、何も変わらないんです。動くことで、全ては変わっていくのです。

結婚式業界は、オンシーズン（三月から五月・九月から十一月）は順調に伸びますが、オフシーズン（十二月から二月・六月から八月）はオンシーズンの売り上げを全て吸い取ります。

ほたるまちリトルメリー教会をオープンして一年後、少しずつ軌道に乗りかけた時に新たな大きなテストが舞い込みました。

「北堀江のチャペルを運営しないか？」

そのチャペルは、昔から憧れの会場でした。ちょうど、参列人数が多いお客様の要望に応えることができないジレンマをかかえていた時でした。必要なときにチャンスはやってくるものと勘違いして、手を出してしまいました。これがまた自分の首を絞めることになるのです。

チャペルをひとつ増やすことで、

人件費の圧迫。

立ちはだかる高額な家賃。

集客のための高額な広告宣伝費。

売り上げで成り立つものと甘く見ていました。

結果、オンシーズンは乗り越えることができても、オフシーズンは苦しむばかりです。借金はかさみ、たった一年で退去することになりました。しかも、契約上半年間は空家賃が発生し、やってもやっても全て返済にあてる毎日です。かなり痛い失敗でした。

実は、これも母に反対されていたのです。

「大きなことに手を出さず、地道にやりなさい」

まさしく、母の言う通りでした。改めて振り返っても、母の意見は全て正しいのです。母が心から応援してくれることは成功し、反対することはことごとくダメになります。

いつまでたっても心が落ち着くことがない毎日を過ごしながら、三年が過ぎました。そして、いよいよ私の人生最大のドン底がやってくるのです。

少人数専門の格安結婚式場

結婚式の招待者数はどんどん減っていきます。大手はもちろんそのことに気づきます。そして、立派な式場を持つホテルが、多大な広告宣伝費を使って少人数制の格安結婚式を宣伝し始めました。スポンサーもバックアップしてくれる人もいない私は、必要最低限の広告宣伝費しか捻出できません。

ウエディング業界のネット広告も、費用をかければかけるほど上位に掲載される規則です。費用をかけずに上位にいることは不可能に近かったので、私たちの式場は大手式場にどんどん追いやられます。

お客様の目に留まりにくくなれば、当然来館数も減ります。来館数が減れば、結婚式を挙げる人も減るという悪循環に陥ります。

「もっと広告宣伝費をかけることができれば」

お金をかければなんとかなる、お金さえあればと言い訳を考える毎日を送ります。

全て「何か」のせいにしていました。


二〇一六年二月、オフシーズンを迎えます。

「もうだめだ」

倒産、その二文字しか頭の中にはありませんでした。多くの取引先に支払いの猶予をお願いに回ります。

「スタッフは家族だとか、そんな甘いことを言っているからだ」

「会社は、仲良しサークルではない」

同業者からは非情な言葉を浴びました。精神的にも人生最大のどん底でした。


今月末、もたないかもしれない。

来月こそもたないかもしれない。

楽しみに待ってくれているお客様をどうしよう。

笑顔で毎日頑張ってくれているスタッフをどうしよう。

大切な家族はどうなる。

人生で初めて「死にたい」と思いながら毎日を過ごしました。でも、自分で死ぬ勇気もありません。毎日、クルマを運転しながら「誰かぶつかってきてくれないかな」、電車に乗っていても「脱線したらいいのに」、そんなネガティブなことばかり考えて泣いていました。

会社に行っても、笑顔で頑張るスタッフを直視することができませんでした。会社の前まで行きますが、車の中でずっと泣いていたり、中に入ることができずにそのまま帰宅することもありました。本当に最悪でした。

そんな時です。神様が、最後のチャンスを授けてくれたのです。

私の〝永遠の師匠〟となるいむらきよしさんが、フェイスブックから連絡を入れてくれたのです。

「岡本さん、お久しぶりです。最近どうですか?」

いむらさんは、個性心理學を伝えるために全国を飛び回って講演講師を務め、テレビに出演されたり、著書を執筆したりと大活躍されていました。

そのいむらさんとの出会いは三年前、スタッフから「こんなセミナーあるから行きませんか?」と誘われたことがきっかけでした。

二時間のセミナーの内容は、昔流行った「動物占い」でした。もちろん、当たっているところもありますが、当たっていないと思うところもありました。他の特徴を聞けば、「これも私っぽいな」というぐらいの感想が正直なところでした。

「それよりも、人間を12で分けられたくないし……」

スレたところもどこかにあり、そのときはそれ以上進むことはしませんでした。でも、いむらさんとはフェイスブックで繋がっていました。

三年間なんの音沙汰もなかった、いむらさんからのメッセージです。「どこかで見てる?」と思えるほどのタイミングに驚きとご縁を感じました。

「実は、今、本当にドン底なんです」

「もしかしたら、頑張っている方向が間違っているかもしれませんね」

「先生のセミナーは費用が出せないのでお伺いできませんが、せめて本でも読みたいです。どこで購入できますか?」

「費用のことは後からでいいから、騙されたと思って私の8時間講座を聞きに来なさい!」

どん底でしたから、正直騙されてもいいと思いました。

「名古屋までの往復交通費ぐらいは、出せますか?」

当時、四十八歳です。一応、会社を経営する代表取締役です。でも、ずっと給料は出ていませんでしたから、財布の中には千円札と小銭しか入っていませんでした。

名古屋までの交通費さえ出すこともできないと落胆していたとき、大学三年生の娘が声をかけてくれました。

「どうした?」

娘に全てを話し、名古屋に行くことができないことを伝えました。すると、娘は貯金箱を持ってきて、少しずつ貯めてきた小銭を集めて笑顔で差し出しました。
「これだけあれば行けるよね？　使って！　そして、行っておいで！」
この時ほど母親として情けないと思ったことはありません。娘の通う大学は勉強がとても忙しく、ろくにアルバイトも出来ない環境でした。そんな中でもコツコツと五百円玉貯金をして、貯めてきた大切なお金をこんな母親に差し出してくれるのです。

一番母親を必要とする幼い頃、会社を立ち上げたばかりで休む間もなく仕事を優先していましたから、授業参観や運動会にも行ってあげることはできませんでした。娘との時間を犠牲にしてまでも会社を守ってきたのです。それなのに、借金ばかり残して家族に心配をかけ、挙句の果てには娘からお金を出してもらうなんて、本当に自分が情けなくて、悔しくて、この時ほど自分を憎んだことはありませんでした。

でも、神様が与えてくれた最後のチャンスだと思い、娘には「必ず返すからね」と約束し、ワラにもすがる思いで名古屋へ向かいました。二〇一六年二月のことです。

第4章

歩くパワースポット

「砂漠で結婚式をするんだよ！」

娘から借りたお金で名古屋へ向かいました。その車中、苦しくて悔しくて涙が溢れます。


「何が間違っているのだろう？　なぜ、こんなに苦しい思いばかりするのだろう」

「誰か教えてほしい。私の人生は間違いだったのか？」

「できることなら、このまま消えてなくなりたい」

隕石《いんせき》でも降ってこないか、脱線したらいいのになどと不謹慎なことばかり頭に浮かびました。


電車を乗り継ぎ、最寄り駅の「浄心」で降りました。この駅名を見て、ここを〝心を浄化する場所〟にしたいと感じました。私にとってこの日がまさしく、心の浄化になりました。

駅から歩くと「なつかしい」という思いがこみあげてきました。この地は、父の転勤で初めて名古屋に来て住んだ場所です。何かに引き寄せられているかのようでした。

午前十時から「いむらきよし流　黄金の8時間講座」が始まりました。私の四十八年の人生を時間にすれば、ざっと四十二万時間です。そのうちの八時間です。このたった八時間が一生忘れることのできない、その後の人生をガラッと変えるターニングポイントになりました。

まず、いむら先生から自分に自信がないことがまるわかりの、着ていた服やおでこを隠して暗い印象を与えていたヘアスタイルをいじられました。

「砂漠で結婚式をするんだよ！」

どういうこと？　さっぱり意味不明でした。理解できないまま、私は「鳥取砂丘でもいいですか？」と返しました。先生は、カタチある場所で結婚式を作るだけが結婚式ではないことや無難な結婚式ではなく前例のない式を作り上げていくこと、そして

「お金がないことを言い訳にするな」ということを気づかせてくれようとしていたのです。

個性心理學とは

ここで、私が臨んだ講座の講師を務めたいむら先生が教える個性心理學をご紹介します。

中国に古くから伝わる「四柱推命」や密教の経典の一つである「宿曜経」を分類の基礎にし、中国四千年の歴史をわかりやすく12の動物にあてはめた実学で、現在では世界十四か国で活用されています。自分の生き方を知ることはもちろん、人間関係のストレスを軽減するためのコミュニケーションツールとしても使われています。

そんな個性心理學をいむらきよし先生が学び、さらに六星占術や統計学を用いて進化させたのが「いむらきよし流個性心理學」です。

私の永遠の師匠　いむらきよし先生

たとえば、私が今まで「感覚」でしてきた接客がすべて目に見えるようになるのです。長年の経験上、目の前の人とある程度会話をすれば、どのような対応をすれば喜んでくれるかがわかります。しかし、若いスタッフや経験の浅いスタッフにその「感覚」を伝えることは出来ませんでした。

それでも一生懸命教えましたが、ある日「私たちは、えみさんじゃないから」と言われたときは本当にショックでした。

教育に対して不安しかなく、精神的にも経済的にもドン底のとき、個性心理學に出会ったのです。

目の前にいる人にどんな対応をし、どんな声掛けをすれば喜んでくれるか。それを一人ひとりが知って実行すれば、人間関係のストレスはすぐに解消されます。感覚でキャッチしていた大切な情報が、個性心理學を学んで手に取るようにわかったのです。

第一印象は人前でつくります。でも一番大切なのは、その向こう側にある「第ゼロ印象」なのです。まだ隠している第一印象の向こう側が、個性心理學であっという間にわかるのです。

8時間講座の間、いむら先生の話をすべて自分に置き換えて聞きました。
・広告宣伝費がないから集客できないこと。
・スタッフを育てるためには自分が一歩下がったほうが良いかもしれないと葛藤していたこと。
・毎日事務所の中で、ずっとお金の計算ばかりしていたこと。
・もうだめだと諦めていたこと。
・逃げることしか考えていなかったこと。
全て間違った方向を向いていました。現実と向き合おうとしていなかったのです。

・広告宣伝費が出せないなら、他に方法は考えたか。
・お金がなければ、創意工夫したか。
・カタチある場所だけですることが結婚式ではないことを理解していたか。
全て「お金がないから」という言い訳で逃げていただけだったのです。何も行動していなかったのです。

「動かなければ、運はきません」

わかっているのに、人は窮地に立つと一番大切なことを忘れてしまいます。何もできなかったこと、何もしなかったことに悔しくて涙があふれました。何もしていないのに、もうダメだってあきらめていた自分が腹立たしくて悔しくて、でも、いむら先生の話を聞いて「まだやれる！」「前に進める！」と思えました。そして、私の生まれてきた本当の理由が明確にわかったのです。

私は両親のパワーを全て受ける人。
・両親の意見に逆らって進むことはしてはいけない。
・両親を大切にする。
・前に前に出る。
・無難ではなく前例のないことをやる。

私にとって生まれてきた本当の理由は、これだったのです。

思い返せば、幼い頃から結婚するまでは、両親を悲しませたくないという思いだけで人生を歩んできました。両親の敷いたレールに乗って進んでいるときが一番幸せで、なんの不自由なく、お金にも苦労せず順風満帆に過ごしました。

でも、たったひとつやってはいけないことをやってしまっていたのです。それは、両親が心から賛成しない結婚でした。自分の直感を信じて、そして運命の出会いと信じて、忠告も聞かずに突っ走りました。

生まれて初めて、両親を悲しませました。そこからです。お金、両親と主人との関係など常に苦しみとの背中合わせの毎日が始まったのです。

「両親の意見に背いた人生を選んではならない」

両親と向きあって、理解してくれるまで話し合ってから結婚すれば良かったのです。

どの話も、すべて自分に繋がりました。

「間違いを正せばいいんだ」
「やれる！　やってみたい！」

そんな思いがあふれ出ました。行きの電車の中の自分が嘘のように、自分が一番びっくりするほど心の中が百八十度変化したのです。
会場を出て、駅に向かう道のりは軽く感じました。一日も早く、一分でも早く間違いを正したい、行動したいという思いでいっぱいでした。そして、大阪へ向かう電車の中では、変えるために何からできるかをリストアップしました。

「できることから行動していこう！」

帰宅後、家族は私の顔を見て、あまりの変わりように驚きました。良い意味で……。そして、私はすぐに母に土下座してこれまでのひどい態度や行動を謝罪しました。母もよほどつらかったのか、泣きながら受け入れてくれました。
私のことを心配したまま亡くなった父に対しては、翌日からお墓参りに行くようにしました。元々、和歌山県橋本市にあった祖父のお墓はできる限りお墓参りできるように、数年前に自宅から車で三分の場所に移動させていました。
そして、使命が芽生えました。

・大切なことを少しでも早く多くの人に知ってほしい。
・知らずに生きるより、知って生きるほうが絶対にお得！
・私のような苦しい思いをする人を絶対につくりたくない。

生まれてきた本当の理由を知ることは自分のためだけではなく、家族やスタッフ、お客様にも必ず生かせることを確信しました。すると今まで抱えてきたストレスがすべて解消されることにも気づきました。

教えることに挫折して教育の難しさという壁にぶつかっていた時、同じことを全員に伝えても、伝わる人と全く伝わらない人がいることに疑問をもっていました。また、感覚でしてきた接客をどう伝えればいいのか悩んでいました。

でも、これらのストレスをすべて解消できるのが個性心理學なのです。一人ひとりの個性を知り、それぞれに合った声がけや教育方法がわかり、全てのことに役に立てることができるからです。

「伝える人になりたい！」

猛勉強の末、翌月に個性心理學認定講師試験を受験し、晴れて認定講師になることができました。

「砂漠で結婚式をするんだよ！」

「いむらきよし流　黄金の8時間講座」の間、ずっと送っていただいたメッセージです。この意味を大阪に帰ってからずっと考えていました。

砂漠で結婚式を挙げるなんて、普通なら不可能です。挙式スペースもない砂漠地帯では無から有を作るということ。水もなければ、料理を提供するキッチンスペースもありません。そんな環境で結婚式を作るというほど、不可能を可能にすることが私の生まれてきた本当の理由だと理解しました。

徐々にいむら先生の伝えたいことが見えてきました。今までの志事を振り返ると、まさに、砂漠で結婚式を作るような経験ばかりをしてきました。

まず、リトルメリー教会を作ろうと思ったのも「結婚式をしたくない人のための式場を作る！」でした。普通は、結婚式をしたい人のための式場を作ります。

さらに、他社では考えられない、結婚式に必要なテナントを自社で運営することを実現して破格値の五万九千八百円を確立しました。

結婚式はカタチある場所だけでなく、ふたりの想いがあればどこでもできるというたい、「思い出の場所で作るあったか結婚式」を作りました。

金太郎アメのようなみんな同じ結婚式ではなく、一組一組の両親との思い出や大切なゲストとの思い出を引き出し、ふたりにしかできない結婚式を作りました。

今までやってきたことです。それがいつの間にか、「お金」というストレスに悩まされて忘れていました。「お金」のせいにして今の状況を守ることしか考えていなかったのです。それを思い出させてくれたのがいむらきよし先生であり、個性心理學だったのです。

キセキの連続

「パパ、今日も会いに来たよ。いつもありがとう」

毎朝、父の墓前に手を合わせ、母に対する接し方を変えてから何日経ったでしょうか。数日しか経っていないように感じましたが、びっくりするほど周りが変わっていきました。

今まで「お金がないから、集客できない」と言い訳にしてきた宣伝方法を考え直しました。いむら先生の教えを参考にしました。

定期的に開催されるマルシェ

多くの人でにぎわう一般の宴会

「お金がないことを理由にせず、無いからこそ頭を使って行動する」

周辺の住宅やマンションにチラシを歩いて配ります。リトルメリー教会で、定期的にマルシェや婚活の会社と組んで「婚活イベント」を開催しました。二次会や一般の宴会の予約もスタートしました。流行りの「フェイスブック」や「インスタグラム」などのＳＮＳを毎日何回も更新して、積極的に活用します。

さらに、人の集まる場所に積極的に出向くようにしました。たくさんの人に毎日会い、結婚式に対する想いを伝え続けます。そして、「一日一伝」を心掛けて、個性心理學を一日に最低でも一人には伝えるようにしました。

まずは、大切な人からです。学校では教えてくれない一番大切なこと「生まれてきた本当の理由」を伝えていきます。伝えるという使命を続けることがたくさんの人を笑顔にしていきます。笑顔になった人が、今度は自分の大切な人に伝えます。

いつの間にかそれが話題を呼んで、リトルメリー教会は〝福島区のパワースポット〟と呼ばれるようになり、ありがたいことに私は〝歩くパワースポット〟と呼ばれるようになりました。

すると、たくさんのキセキが起きました。

お客様がたくさん来館されるようになります。
お客様からご紹介を頂戴するようになります。
平日も宴会で予約が埋まるようになります。
お金がみるみるうちに回るようになっていくのです。

結婚式は奇跡を起こす魔法

多くの結婚式に立ち会ってきました。その中でも本当に奇跡が起こった記憶に残る結婚式をご紹介します。

Stage 1

余命一か月のお母さんのために

家族が本当に仲良しで、家族が本当に大好きな花嫁です。本当は翌年の二月頃に結婚式を予定していました。でも、そんな仲良し家族に悲しみをもたらした宣告。大好きなお母さんに癌が見つかりました。

「お母さんに花嫁姿見てもらいたい。お母さんと一緒に結婚式をしたい」

その思いを叶えるため、式を八月に早めることにしました。

おふたりの結婚式にはこだわりがありました。

「思い出の場所で、結婚式がしたい」

それはおふたりがよく一緒に行ったライブハウスのある場所。北加賀屋にある名村造船所跡地でした。キッチンスペースもパーティースペースも全くありません。保健所に届け出をしてキッチンスペースを確保し、厨房設備を準備します。もちろん大量の食器もシルバーもありません。什器・備品すべてを準備しなくてはなりませんでした。でも、絶対におふたりの夢を叶えたかったのです。

八月の結婚式に出席するためにつらい抗ガン剤治療に耐えるお母さんに、愛娘の衣装合わせに一緒に来てもらいました。お母さんが選んだ衣装を着てほしかったからです。自分が選んだ衣装を身にまとう愛娘を楽しみにすることで、生きる力がうまれる気がしました。

帰り際にお母さんが私に言いました。

「娘の衣装選びができるなんて、こんなに嬉しいことはありません。ありがとう」

手を合わせて涙する姿を見て、心から良かったと思いました。

「結婚式用にお父さんが、新しいカツラ買ってくれるのよ～」

それはそれは、病と闘っているとは思えないほどの元気さで明るくふるまうお母さん。

「結婚式にはもっと元気で参列できるように、苦しいけどもう一度抗ガン剤治療がんばるね！」

元気に手を振ったお母さんの姿が頭から離れません。でも、こんなに素敵な家族をまだ苦しめるのかと、神様を憎むぐらいの悲しい現実がドクターから告げられました。

「八月までもたないかもしれません」

お母さんに見てもらいたいから早めた結婚式です。お母さんに見てもらえなければ、何の意味もありません。

おふたりも、家族も悩みました。でも、決意は同じでした。

「お母さんに、絶対に結婚式参列してもらう！」


あと何日、あと何日と、花嫁お手製の日めくりカレンダーを苦しみに耐えながら一枚一枚めくるお母さん。日に日にその手が細く弱っていくのを見て、病がむしばんでいることを家族は実感します。おふたりから毎日のように送られてくるＬＩＮＥのメッセージから確実に弱っていくお母さんの様子を感じながらも、私の願いも同じでした。

花嫁からのＬＩＮＥや電話にビクビクしながら、元気な第一声で安心する毎日を送りました。


結婚式まであと二日という日、お母さんは自力でお手洗いに行けなくなりました。さらに、痛み止めも効かなくなりました。笑顔が徐々に消えていきます。

そのとき、花嫁がつぶやきました。

「母は生きることにしがみついています」

私の胸に突き刺さりました。

「自分はしがみつくぐらい一生懸命生きてきただろうか」

お母さんから生きることの素晴らしさ、ありがたさを改めて教えていただきました。

最愛の娘が花嫁になる日をどれほど待ち望んだことでしょう。

どれほど一日一日が長かったでしょう。

そして、やっとの思いで迎えた当日。大好きな家族と過ごしてきた家を出るとき、花嫁がお母さんに聞きます。

「体調どう?」

すると、お母さんは今にも折れそうなぐらいに細くなった手でオッケーサインを作り、「グー!」と笑顔で言いました。誰もが願った、願いが叶う日。おふたりの思い出の場所で、お母さんのための結婚式が実現できました。

寝たままでないと難しいと言われていたにもかかわらず、披露宴中もほとんど会場の中でお母さんは参列してくれた人たちと話をしたり、写真を撮ったりしていました。

結婚式から一週間後、お母さんは眠るように天国に旅立ちました。とても安らかなお顔でした。

結婚式は生きる力を与えました。結婚式は奇跡を起こす魔法なのです。

Stage 2

大嫌いなお父さん

娘を授かった瞬間、どんな父親もいつか娘と腕を組んで歩く日が来ることを思い描きます。このお父さんも同じ思いでした。

娘さんは、いつのころからかお父さんを毛嫌いするようになりました。口も聞かなくなり、お父さんを避けて生活するようになりました。

初めてお会いしたとき、花嫁は私に真っ先に言いました。

「ヴァージンロードはお母さんと歩きたいです」

お父さんがいるにも関わらず、お母さんを選ぶ花嫁の心境を少しずつ伺いながら、打ち合わせの度に花嫁を説得しました。

「この機会を逃すと、一生お父さんとの絆を取り戻すことはできません」

それでも、前日までかたくなにお父さんと歩くことを拒否していました。私は最後の最後に伝えました。

「これは私からの最後のお願いです。娘を嫌う親は絶対にいません。かみ合わなくなった歯車を直すのは明日の挙式しかないと思います。だから、明日最後の答えを聞かせてください。ノーであれば諦めます」


そして、迎えた当日の朝。花嫁は答えました。

「お父さんと歩きます」

うれしくてうれしくて、花嫁を抱きしめました。

私からの提案です。

「予定通りお母さまと入場しましょう。そして、お母さまからベールダウンをしてもらった後に『ヴァージンロードを一緒に歩きたい人を呼んでください』と私が言いますから、今まで呼んでいた呼び方でお父さんを指名してください」

花嫁は素直にうなずきました。結婚式の日は、誰もが心から素直になれる魔法にかかるのです。

いよいよ結婚式が始まります。お父さんはさみしそうに、一番前の席に座っています。愛娘の晴れ姿をたくさん残そうと、携帯電話を手にそわそわしています。

花嫁がお母さんと入場します。ベールダウン。子育ての幕をお母さんの手でおさめます。

「それでは、今から花嫁は大切な人に囲まれて歩んできた人生を思い出しながらヴァージンロードを歩いて行きます。そんな大切な人の中で一番大切な人はこの方ではないでしょうか。一緒に歩いてほしい方をご指名ください」

「お父さん！」

この時のお父さんの表情は一生忘れることはできません。お父さんの頭の中で一瞬の間にいろいろな思いが蘇ったのでしょう。

まさか？　信じられない？

でも、自分を呼んでくれたことへのうれしさと喜びは隠しきれません。

その表情は、司会者である私の涙腺を崩壊させました。

照れながら愛娘の元に歩み寄るお父さん。何十年かぶりにわが子と腕を組んで歩く時間は、お父さんにとってかけがえのない時間になりました。

挙式後、ゲストと写真を撮る時間。まだ「一緒に撮ろう」と言えない、お父さんと花嫁。

お父さんは背後から花嫁を携帯電話で一生懸命撮影しています。そんなシーンを私は花嫁に見せたくて、花嫁を遠目に撮るお父さんを写しました。その写真を花嫁に送りました。お父さんの愛は無限だよというメッセージを込めて。

数日後、花嫁がお母さんと遊びに来て、うれしい言葉を届けてくれました。

「あれから、お父さんとすごく仲良くなって、お母さんとよりお父さんと出かけることが多くなりました。ヴァージンロードを一緒に歩かなければ、お父さんと一生あのままだったと思います。本当にありがとうございました！」
　大嫌いだったお父さんが大好きになる。結婚式は奇跡を起こす魔法なのです。

MARY CHURCH

**【リトルメリー
ドレスのデザイン人気ランキング】**

1位
プリンセスライン

2位
Aライン

3位
エンパイアライン

**【リトルメリー
コーディネートランキング】**

1位
ナチュラルコーディネート

2位
ピンクコーディネート

3位
グランピングコーディネート

Welcome to LITTLE

【リトルメリー
人気BGMアーティスト】

1位
星野源

2位
back number

3位
西野カナ

【リトルメリー
人気演出ランキング】

1位
生まれたときと同じ重さにした
体重ベア

2位
ダイジェストエンドロール

3位
タイムカプセルキャンドル

いむらきよし先生に出会っていなければ、今の私はいません。個性心理學に出会っていなければ、ずっと間違った方向に努力していたでしょう。「生まれてきた本当の理由」を知らないまま、歩み続けるところでした。

生まれてきた本当の理由

今この世に生きている私たちは、先祖の生まれ変わりです。先日、市役所でどこまで戸籍をさかのぼることができるか調べてきました。すると、七代先まで知ることができました。初めて見る名前、どんなことを思い、どんな人生を歩み、子孫に何を残し、何を伝えたかったのか。それらを知る由はありませんが、あらためて私たちは先祖から命のバトンを受け継いでいることを実感しました。

みんな倖せになるために、生きてきているのです。倖せになるための方法は、生まれてきた本当の理由を知ることとすでに書きましたが、生まれてきた本当の理由はそれぞれ違います。違うからこそ、先祖が与えてくれたヒントから、自分がどうこの世を全うすべきかを一日も早く知って、歩んでほしいのです。

生まれてきた本当の理由を、ひとりでも多くの人に知っていただくために伝え続けました。そして、自ら集客して講座を開くようにしました。すると、その理由を知る人がどんどん増えていきました。

認定講師になって四か月後に、いむら先生から「全国の講師を代表して、私に代わって全国で講演会などを通して個性心理學を広めてほしい」という話を頂戴しました。光栄で、この上ない喜びでした。

「お引き受けします！」

そこから、一対一で向き合うスタイルから大勢と向き合う講演講師としての活動が始まりました。大勢の前で話すことは得意でした。ウエディングプランナーとして全国で講演した経験や司会者の経験が強みと自信につながります。

「私の赤裸々な人生を全て伝えて、個性心理學の大切さをもっともっとたくさんの人に知ってもらいたい」

こんな想いをもって、二〇一七年五月十一日に名古屋で「希望と勇気が出る講演会」を開催しました。いむら先生をはじめ全国からたくさんの人に参加していただき、私のドン底人生を赤裸々に話しました。

「勇気がでました！」

「もっと頑張れると思いました！」

これを皮切りに全国から講演の舞い込むようになり、さらに多くの嬉しい言葉も頂きました。

人が抱えるストレスの大半は、健康とお金と人間関係です。その中でも人間関係に悩んでいる人が多く、苦しんで自らの命を落とす人がたくさんいます。そこで、その悩みに苦しむ人たちのためにカウンセリングを行いました。

大勢と向き合う講演講師として個性心理學を広める

個性心理學では、「幸せ」を「倖せ」と書きます。以前は土地とお金があれば「幸せ」でしたが、現在は違うのではないでしょうか。家族や友人がそばに寄り添い支え合ってこそ。その意味を込めて「倖せ」と書くのです。

ブライダルの世界でも、結婚式の仕事にあこがれ、人生で最大のイベントに携われる喜びを夢見て専門学校で学び、晴れてウエディングの仕事に就きます。でも、ドロドロした人間関係を目の当たりにして挫折する人がたくさんいます。一番の憧れの職業だったにもかかわらず、一番嫌いな職業になってしまうのです。

では、人はなぜ人間関係に悩むのでしょうか？　それは、みんなそれぞれ個性が違い、伝え方や言葉使いが異なるからです。

「目の前の人にどんな声がけをすれば心地いいか、ストレスなく話を聞いてくれるか？」

それが瞬時に分かれば、目の前の人を傷つけることなく良い関係を保つことができるはずです。それがわからないから、意見の食い違いやすれ違いが起きてお互いにストレスを感じるのです。

そのためには、目の前の人の個性を知り「アキラメル」ことが大切なのです。「諦める」ではなく、「明らかに相手を認めて受け止める」ことを個性心理學では「アキラメル」と言います。

たくさんの人と出会い、いろいろな経験をしてきた人は目の前の人にストレスを与えない対応を感覚で知ることができますが、みんながそんな〝魔術〟を使えるわけではありません。それができたらどれだけ楽でしょう。でも、それがわかるのが個性心理學なのです。

リトルメリー教会をオープンしたときの私の想いは、「結婚式して良かった！」と言っていただける家族を増やすことでした。オープンして七年になりますがその思いは変わらず、ずっと言い続けています。そして、今もそんな家族を増やしています。

経営者として、たくさんのお客様に、パートナーはもちろん家族にストレスのない声がけの方法を伝えたい。そして、結婚式を通してさらに両家が倖せになるようなアドバイスをしていくことで、「結婚式して良かった！」と心から言ってもらえる環境を作っていきたい。

あらためて書きます。

私は両親に大切に育てられてとても倖せでした。それは、両親の意見に逆らわずお利口に生きてきたからです。でも、たった一度、両親の意見に背き、両親が心から賛成しない結婚に踏み切りました。

経営や結婚生活の苦しみ、お金の苦労ばかりの毎日を送りましたが、もっと早くに「生まれてきた本当の理由」がわかっていれば、こんなに苦しい思いをすることはなかったでしょう。胸をえぐられるような毎日でした。でも、そんな苦しい人生を送ったからこそ、今こうして全国で大切なことを伝えることができる環境に巡り合えています。

人生には全て意味がある、無駄なことなんてひとつもありません。これからも「生まれてきた本当の理由」を伝え続けていきます。

大切なスタッフ一同と

プラス　ワン

あとがき

本書を執筆中に、とてもつらくて苦しい出来事が起こりました。

いつも通り朝ごはんを食べて、いつも通り会話をして、いつも通り笑っていた大切な人が突然の病に倒れました。

「みぞおちが痛い……」

そう言って座り込み、圧迫されるような痛みに襲われて冷や汗が流れます。背中をさすりながら、右手に持った携帯電話で症状を調べます。嫌な予感がしました。

「心筋梗塞の初期症状でもあると……」

すぐに、近くの総合病院に運びこみました。

検査は三時間におよびましたが、原因はわかりません。その間、無力な私はただ祈ることしかできませんでした。不安と闘いながら長い時間を過ごした後、ドクターから告げられました。

「一刻も早く手術をしなければ、命の保証はありません」

急性大動脈解離と診断されました。何が起きたのかすぐには理解できませんでした。初めて耳にする病名です。

手術ができる病院へドクターヘリで搬送され、緊急手術を受けました。六時間におよぶ手術の末、命は助かりましたが、体中に管が入っている姿になりました。ついさっきまで自分で歩き、自分で食事をし、普通に過ごしていた人が、今は管だけが生きる綱です。


一歩遅ければ、一歩違っていたら、助からなかった命。


手術が終わるのを待っている間、祈ることと後悔しかありませんでした。全国でたくさんの人を笑顔にしている自分自身が、一番近くで大切な人を笑顔にできていなかったこと。「ありがとう」を伝えることができていなかったことを悔みました。

あらためて、目の前にいてくれることが当たり前でないことを痛感しました。当たり前ではなく、すべてが奇跡と痛感しました。

明日が、今日と同じように笑い、食事をし、歩き、会話ができるという保証はないのです。人を苦しめたり傷つけることなく、笑顔で、優しさと思いやりにあふれ、後悔のない毎日を送ってほしいと心から願います。そして、目の前の人に素直に想いを伝えてほしいのです。


私のブライダル人生の中で、お客様からいただいた一番心に残る言葉があります。どんなことがあっても結婚式を挙げる大切さを伝え続けていこうという励みになっています。


余命十日と宣告された患者に、ドクターは伝えました。

「やり残したことはありませんか？」

すると、「結婚式がしたい」とおっしゃいました。その患者さんと彼女は入籍だけされていました。ずっと、心の奥に〝結婚式を挙げてやれなかった〟という思いを持ち続けていたのでしょう。

それから三日後、たくさんの人に囲まれて病院で結婚式を挙げました。やり残したことを全うして、天国に旅立たれたのです。

それぞれ倖せのカタチは違います。でも、倖せになるために生まれてきています。倖せになるためには、自分から行動を起こさなければなりません。その場に立っているだけでは、何も変わらないのです。今できることから、お金をかけずにできることから、小さな一歩でかまいません。行動してみましょう。


みなさんの大切な人は誰ですか？　まず、その大切な人に伝えてほしい。人生の中でふたつ大切な日があることを。

ひとつめは、生まれてきた日。

ふたつめは、生まれてきた本当の理由がわかった日。

倖せになるための方法「生まれてきた本当の理由」を知る人が増えますように。

末尾になりましたが、亡き父、いつも側にいて支えてくれる母、二人の娘にこの本を捧げます。リトルメリー教会の吉村毅さん、池原麻未さん、山﨑梓さん、濱地由伊さん、金澤愛有美さん、さらに個性心理學の仲間、特に今の環境を授けてくださった私の永遠の師匠〝いむらきよし〟に最大の感謝の思いを込めて。そして、中部経済新聞社事業部の杉浦成之氏には、編集者として優しく時に厳しく構成や諸所の局面に対するご指導をいただきました。ありがとうございました。

平成三十年二月

筆　者

著者略歴

岡本笑明（おかもと・えみ）

大阪府出身。幼少期から高校までを名古屋で過ごす。学生時代からエレクトーン講師として、また、披露宴でのエレクトーン奏者として活動する。

1999年に演奏者から司会者＆ウエディングプランナーに転向し、翌年「有限会社アプローズウエディング・OFE」を設立。ホテルや式場での牧師・演奏者・司会者の派遣と自社でウエディングプランナーを育て派遣する事業を立ち上げる。2010年天満橋に自社結婚式場「リトルメリー教会」をオープンし、式場経営とレストランウエディングをスタート。2014年に教会を福島区に移転させ、挙式から会食までができる少人数専門式場＆レストランをオープンする。

2015年に個性心理學に出会って数々のセミナーに参加し、翌年認定講師・カウンセラー資格を取得。

個性心理學を多くの人に伝えながら、福島区で家族中心の格安結婚式や披露宴・レストランウエディングをプロデュースする。夫婦や人間関係のストレスをゼロにし「結婚式してよかった！」と言ってもらえる幸せな家族をつくるための活動をし、現在に至る。

笑《わら》う門《かど》には福《ふく》来《き》ます

平成30年3月4日　初版第1刷発行

著　者　岡本笑明《おかもとえみ》

発行者　永井征平

発行所　中部経済新聞社
名古屋市中村区名駅四丁目4番10号　〒450-8561
TEL.052-561-5675（事業部）

印刷所　プリ・テック株式会社
製本所　有限会社笠松製本所

ISBN978-4-88520-215-5

好 評 既 刊

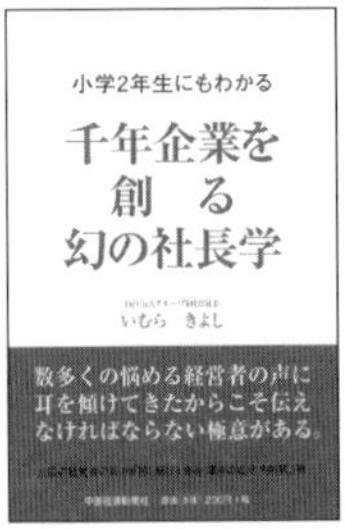

小学２年生にもわかる 千年企業を創る幻の社長学

いむらきよし 著

成功法則を突き詰めていくと実は小学２年生でも理解し実践できる内容であることがわかりました。
最大のポイントは、失敗しても諦めないで続けること。でもこれが出来ないからこそ苦しんでいるのではないでしょうか？

四六版 並製本　　定価：本体価格1200円＋税

いむらきよし流 成功の黄金律

いむらきよし 著

大きな反響を得て、３万を超える経営者・子育てママを相手に講演・セミナーなどをこなしてきた筆者が、過去の成功者の検証データを統計学的に組み込んで提案する「成功の黄金律」（宿命）。これに沿って生きることが本物の生き方であると説きます。

四六版 並製本　　定価：本体価格1200円＋税

7歳児でもスグ結果が出せる 超非常識な成功法則

いむらきよし 著

ストレスの原因の99.9％は人間関係と解明する著者。その苦痛から逃れられ、人間関係を良好にするには「アキラメル」＝「明らかに認める」ことが必要であると説きます。動物キャラクターを使ってイメージで楽しく理解することができます。

四六版 並製本　　定価：本体価格1200円＋税

お問い合わせ

中部経済新聞社事業部
電話 (052)561-5675　FAX (052)561-9133
URL　www.chukei-news.co.jp